GW01606291

# Presentación

*Las recetas de este libro se han seleccionado pensando en la cocina sencilla y práctica, la de todos los días. Son recetas accesibles, con ingredientes que se consiguen sin dificultad, y muy económicas.*

*Teniendo en cuenta el conocido dicho de que "todo entra por los ojos", se ha privilegiado el aspecto gráfico de la obra con cerca de 800 fotografías, tomadas especialmente para esta edición, y que permiten seguir paso a paso las instrucciones de preparación de platos clásicos de la culinaria peruana como el cebiche, el chupe de camarones o el cabrito a la norteña, hasta otros menos conocidos como las brochetas de lomo teriyaki, el arroz árabe o la musaca, pasando por una amplia variedad de pastas y las más populares adaptaciones de la cocina europea y oriental.*

*El repertorio gastronómico de este singular libro se enriquece con la inclusión de sugerencias y consejos prácticos que multiplican su utilidad, una guía de los ingredientes básicos y de uso más común, así como un glosario mínimo de referencia.*

*Quien quiera iniciarse en las artes culinarias encontrará aquí la información necesaria para hacerlo con éxito. Aquellos más expertos pueden poner a prueba sus conocimientos y aplicar su propio estilo a cada una de las 256 recetas de este libro.*

*Para todos será una gratificante aventura, y para nosotros la realización del propósito de brindarles no un libro de cocina más, sino una efectiva ayuda doméstica.*

*Los editores*

# Sumario

## Entradas

## Sopas

## Platos principales

## Postres



## Licores y refrescos



## Salsas

# Entradas

# Ají de atún

(Elaboración fácil)
para seis personas

## Ingredientes

1 lata de atún
1 cebolla picada
2 panes
$^3/_4$ de taza de leche evaporada
$^1/_4$ de taza de agua
1 kilo de papa sancochada
Queso parmesano
Ají verde molido
Comino, orégano, sal y pimienta
Aceitunas
Huevos duros

## Preparación

1. Remojar el pan con la leche y el agua y luego licuar.
2. Hacer un aderezo con la cebolla bien picadita, los ajos, el ají molido, la pimienta, el comino, el orégano y la sal.

3. Cuando el aderezo esté bien cocido, agregar el pan licuado.

4. Cuando empiece a espesar, agregar el atún y el queso parmesano.
5. Servir con arroz graneado, papas sancochadas, aceitunas y huevo duro.

## Sugerencia

Se debe desmenuzar el atún antes de vaciarlo a la olla.
Se puede utilizar atún o sardina.
Si la salsa se seca mucho agregar un poquito de agua para darle consistencia.
Si se emplea pescado, se debe sancochar y luego desmenuzar.

# Ají verde relleno

(Elaboración laboriosa)
para seis personas

## Ingredientes

12 ajíes frescos
300 gramos de carne molida de pollo
100 gramos de arvejas
100 gramos de pasas
200 gramos de queso parmesano
2 tazas de choclo desgranado
4 tomates picados
1 cebolla mediana
2 huevos
Perejil, culantro
1 cubito de pollo

**Salsa blanca**

125 gramos de margarina
1/2 taza de leche evaporada
1/2 taza de harina
1 litro de agua
Nuez moscada
Sal y pimienta

## Preparación

1. Cortar el extremo de los ajíes con el tronquito. Limpiar las semillas y las venas con cuidado.
2. En un recipiente con agua fría remojar los ajíes por 4 horas cambiándoles el agua varias veces.
3. Poner los ajíes en una olla para que den un hervor de 2 minutos. Botar el agua, enjuagar en agua fría varias veces y poner nuevamente en la olla a dar un hervor de 5 minutos. Luego colar.

4. Acomodar los choclos desgranados y sancochados en una fuente refractaria enmantequillada. Rellenar los ajíes y colocarlos encima de los choclos.

**Relleno**

1. Hacer un picadillo dorando las cebollas picadas y los ajos. Luego agregar sal, pimienta, orégano, perejil picado y tomate picado.
2. Añadir la carne molida con el cubito disuelto en un poquito de agua tibia y dejar cocinar unos minutos. Luego agregar las pasas, las arvejitas cocidas y los huevos duros picados.

**Salsa blanca**

1. Preparar una salsa blanca con la margarina, la harina, la leche, el agua y la nuez moscada. Bañar los ajíes con esta salsa y espolvorear con queso parmesano.
2. Llevar al horno precalentado a 350° F (180° C) y gratinar por 45 minutos.

# Alcachofas rellenas

(Elaboración fácil)
para seis personas

## Ingredientes

- 12 fondos de alcachofas sancochadas *al dente*
- 1 kilo de pulpa de cangrejo precocida
- 1 taza de mayonesa

### Sugerencia

Se puede cambiar la pulpa de cangrejo por pollo, atún o jamón.

## Preparación

1. Sancochar los fondos de alcachofa.
2. Colocarlos en una fuente engrasada, resistente al horno.

3. Mezclar la pulpa de cangrejo con la mayonesa y salpimentar.

4. Rellenar los fondos de alcachofa.
5. Llevar al horno a gratinar por 10 minutos.

# Alcachofas rellenas con conchas

(Elaboración laboriosa)
para seis personas

## Ingredientes

| | |
|---|---|
| 6 | fondos de alcachofas grandes |
| 6 | cucharadas de harina sin preparar |
| 1/2 | taza de queso parmesano |
| 6 | docenas de conchas chicas |
| 2 | tazas de leche |
| 2 | limones |
| | Aceite |
| | Mantequilla |
| | Sal y pimienta |

## Preparación

1. Poner en abundante agua un chorrito de limón, un chorrito de aceite y una cucharada de harina diluida en agua. Cuando rompa el hervor colocar los fondos de alcachofa y cocinar hasta que estén suaves.
2. Limpiar las conchas y dividirlas en dos partes.

3. A una parte de las conchas retirarles el coral y reservar. Con la parte blanca de las conchas preparar un cebiche con el limón, la sal y la pimienta. Luego colarlo y colocarlo sobre los fondos.

4. Preparar una salsa blanca dura con la harina, la mantequilla, la leche, el queso y sazonar.
5. Licuar los corales y mezclarlos con la salsa blanca y con las conchas que se dejaron separadas.

6. Enmantequillar un molde y acomodar los fondos con el cebiche y la mezcla con la salsa blanca.
7. Gratinar por 10 minutos a horno moderado y servir bien caliente.

# Alitas con tausí

(Elaboración fácil)
para seis personas

## Ingredientes

8 cucharadas de aceite
1 kilo de alitas de pollo
3 dientes de ajos
30 gramos de tausí (frejolitos de soya)
6 cucharaditas de sillau
1 cucharadita de sazonador
1 taza de caldo
4 cucharaditas de chuño
Sal al gusto

## Preparación

1. Cortar las alitas en trozos. Dorarlos en aceite caliente con los ajos y el tausí chancados.

2. Sazonar con la sal, el sillau, el sazonador y añadir el caldo.
3. Cocinar unos minutos y espesar con el chuño diluido en un poquito de agua fría. Dejar dar un hervor.
4. Se puede servir como piqueo o acompañar con arroz.

## Sugerencia

Se puede preparar también con trozos de pollo o corazones de pollo.

Si desea agregar cebolla china picadita antes de echar el chuño.

# Brochetas de lomo teriyaki

(Elaboración mediana)
para seis personas

## Ingredientes

| | |
|---|---|
| 1 | kilo de carne de res |
| 2 | cucharadas de jugo de limón |
| 1/4 | de taza de azúcar rubia |
| 1/4 | de taza de sillau |
| 1 | cucharada de aceite |
| 1 | cucharada de kión en polvo |
| 2 | dientes de ajo picados |
| | Trozos de piña |
| 1 | pimiento grande cortado en cuadrados de 2 cm. |

## Preparación

1. Cortar la carne en trozos de 2 cm.
2. Colocar en un recipiente el azúcar, el jugo de limón, el sillau, el aceite, el kión, los ajos y la carne. Dejar macerar por 3 horas dándole vueltas a la carne.

3. En una sartén bien caliente freír los trozos de carne.

4. Luego ensartar los trozos de carne en palitos alternando con la piña y los pimientos.
5. Poner al horno por 10 minutos para que dore la piña.

# Cangrejos rellenos

(Elaboración fácil)
para seis personas

## Ingredientes

6 cangrejos
1/2 poro
1/2 nabo
1 zanahoria
1/2 cebolla
1/4 de kilo de pulpa de cangrejo
6 cabecitas de cebolla china
2 limones
2 cucharadas de perejil
1 palta
Huevo duro
Mayonesa

## Preparación

1. Lavar los cangrejos, cocinarlos en agua con sal o en un caldo corto con poro, nabo, zanahoria y cebolla.
2. Limpiarlos bien por dentro sacando toda la pulpa. Separar los caparazones.
3. Dar un hervor por 5 minutos a la pulpa de cangrejo en la misma agua donde se cocinaron los cangrejos. Dejar enfriar.

4. Mezclar la pulpa con la mayonesa y la cebolla china cortada en cuadritos, el perejil picado y el jugo de limón.

5. Rellenar los caparazones con esta preparación y adornar con huevo duro rallado y palta.

### Sugerencia

Se puede adornar con hojas de lechuga americana.

# Causa a la limeña

(Elaboración fácil)
para seis personas

## Ingredientes

| | |
|---|---|
| 1 | kilo de papa amarilla |
| $^{1}/_{4}$ | de taza de aceite |
| $^{1}/_{4}$ | de taza de jugo de limón |
| 2 | cucharadas de ají molido |
| 1 | cucharadita de ajos molidos |
| 1 | cebolla cortada a la pluma |
| 1 | cucharadita de perejil picado |
| 6 | filetes chicos de pescado frito |
| $^{1}/_{2}$ | ají cortado en rodajas |
| 6 | aceitunas |
| 6 | trocitos de queso fresco |
| 6 | hojas de lechuga |
| | Sal y pimienta al gusto |

## Preparación

1. Sancochar las papas en agua con sal. Pelar y moler las papas calientes con el prensapapas.
2. Dejar enfriar.
3. Mezclar la papa con el ají molido, jugo de limón, ajo molido, aceite, sal y pimienta.

4. Amasar la mezcla hasta que esté pareja.
5. Hacer con la masa unas bolas y achatarlas.
6. Preparar una salsa criolla con la cebolla, ají en rodajas, aceite, perejil, sal y pimienta.
7. Freír los filetes de pescado.
8. Servir las bolas de causa acompañadas con el filete de pescado.
9. Decorar con hojas de lechuga, huevo duro, queso fresco y aceitunas.

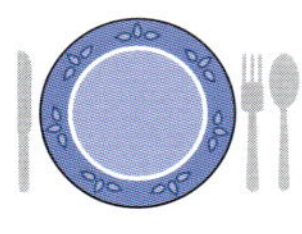

### Sugerencia

Se puede hacer bolas chiquitas y servirlas como piqueo ensartadas en mondadientes.

# Cebiche de champiñones

(Elaboración fácil)
para seis personas

## Ingredientes

| | |
|---|---|
| 1 | kilo de champiñones |
| 3/4 | de taza de jugo de limón |
| 4 | cucharadas de crema de leche |
| 1 | tallo de apio picado |
| 1 | cucharadita de ajo |
| | Tabasco |
| | Perejil |
| | Sal y pimienta |
| | Camotes sancochados |
| | Choclos |
| | Hojas de lechuga |

## Preparación

1. Limpiar los champiñones y partirlos en rodajas. Echarles un poco de jugo de limón inmediatamente para que no se negreen, agregarles pimienta blanca.
2. Picar el apio en pedazos bien pequeños y mezclar con los champiñones.
3. Preparar el aliño con la crema de leche, el resto del jugo de limón, un poquito de tabasco, el ajo molido, el perejil picado y la sal y pimienta.

4. Echar el aliño encima de los champiñones y dejarlo macerar un rato.
5. Decorar con hojas de lechuga, camotes y choclo.

## Sugerencia

No se deben remojar los champiñones en agua.

El perejil se debe lavar y dejar secar, cuando las hojitas están secas recién cortarlas para que no se marchiten.

# Causa de choclo o Choclo a la huancaína

(Elaboración fácil)
para seis personas

## Ingredientes

- 5 choclos grandes
- 300 gramos de queso fresco
- 3/4 de taza de leche evaporada
- 2 ajíes verdes
- 2 cucharadas de aceite
- 1 cebolla grande
- 1/2 ají picado
- 6 hojas de lechuga
- 6 aceitunas
- 2 huevos duros
- 2 limones
- Sal y pimienta al gusto

## Preparación

1. Sancochar los choclos y desgranarlos.
2. Licuar el queso, leche, ajíes verdes, aceite, sal y pimienta. Unir esta mezcla al choclo desgranado.

3. Cortar la cebolla a la pluma y preparar una salsa criolla agregándole limón, aceite y ají picado.
4. Poner el choclo mezclado con la salsa a la huancaína en una fuente y colocar la salsa criolla encima. Finalmente adornar con hojas de lechuga, aceitunas y huevos duros en rodajas.

### Sugerencia

Sancochar los choclos con unos granitos de anís y un poquito de azúcar.

# Causa en lapa

(Elaboración laboriosa)
para seis personas

## Ingredientes

| | |
|---|---|
| 1 | kilo de papa amarilla |
| 250 | gramos de ají verde molido |
| 3 | cebollas |
| 4 | ajíes verdes enteros |
| 6 | filetes de pescado |
| | Sal y pimienta |
| | Orégano, limón |
| | Huevos duros |
| | Aceitunas |
| | Aceite, vinagre |

## Preparación

1. Sancochar las papas, pelarlas y pasarlas por el prensapapas. Mezclarlas con el ají molido, la sal, la pimienta, el jugo de limón, un chorrito de aceite y luego amasar.

2. Freír los filetes de pescado salpimentados y enharinados.

**Salsa**

1. Colocar en una sartén el aceite, la pimienta, el ají molido, los ajíes cortados a lo largo y la cebolla cortada en cuatro. Luego agregar el vinagre y darle un hervor.
2. Acomodar en una fuente la causa, encima poner el filete frito y bañar con la salsa de cebolla.
3. Adornar con hojas de lechuga, huevos duros, perejil, choclo y aceituna.

## Consejo práctico

Si quiere mantener las hojas de lechuga frescas por mucho más tiempo refrigerarlas cortadas en un recipiente con agua fría.

# Causa rellena

(Elaboración mediana)
para seis personas

## Ingredientes

- 1 1/2 kilo de papa amarilla
- 1 palta grande
- 3 huevos duros
- 4 limones
- 1/2 taza de aceite de oliva
- 1 lata de filete de atún
- 1 cucharada de ají molido
- 1 cucharada de perejil picado
- 1 cucharada de ajos molidos
- 1 taza de mayonesa
- Sal y pimienta al gusto

### Sugerencia

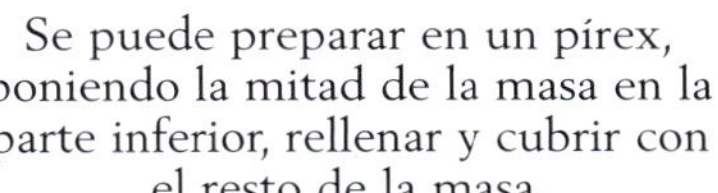

Se puede preparar en un pírex, poniendo la mitad de la masa en la parte inferior, rellenar y cubrir con el resto de la masa.

## Preparación

1. Sancochar las papas, pasarlas por el prensapapas y dejar enfriar.
2. Amasar la papa, agregarle ají molido, ajos molidos, aceite, limón, sal y pimienta.
3. Una vez bien mezclada, estirar la masa sobre un papel manteca, untarla con mayonesa y rellenarla con atún, rodajas de huevo duro y palta.
4. Enrollar la masa y adornar con huevo duro y palta en rodajas.

# Cebiche

(Elaboración fácil)
para seis personas

## Ingredientes

| | |
|---|---|
| $^3/_4$ | de kilo de pescado en filete |
| 1 | taza de jugo de limón |
| 1 | cucharada de ajo molido |
| 2 | cucharadas de ají verde molido |
| 2 | cebollas medianas |
| 1 | cucharada de perejil picado |
| 1 | cucharada de culantro picado |
| 2 | choclos |
| 3 | camotes medianos |
| 1 | ají verde |
| | Sal y pimienta al gusto |

## Preparación

1. Trozar el pescado.
2. Agregarle el ajo y ají molidos, jugo de limón y salpimentar.

3. Cortar la cebolla a la pluma, agregar el perejil y culantro picados y rodajas de ají verde.

4. Colocar la salsa sobre el pescado y servir. Acompañar con choclo y camote sancochados.

## Sugerencia

Si desea echar mariscos se pueden agregar al inicio habiéndolos pasado primero por agua caliente en un colador. Se puede acompañar con cancha serrana que se fríe con un poco de aceite en una sartén. Adornar con hojas de lechuga.

# Cebiche caliente

(Elaboración mediana)
para seis personas

## Ingredientes

| | |
|---|---|
| 1 | kilo de tollo de leche |
| 1 | trozo de cebolla |
| | Ramitas de culantro |
| 1/4 | de tocino en tiras |
| 1 | cucharada de ajo |
| 5 | ajíes amarillos |
| 1 | pimiento |
| 6 | limones |
| | Sal y pimienta |
| 1 | chorrito de aceite |

### Sugerencia

Se puede servir en porciones individuales con camote y choclo o como bocadito envuelto con tocino. (Rinde para 50 bocaditos).

## Preparación

1. Cortar el pescado en trozos. Agregar el jugo de limón y macerar por 20 minutos.

2. Licuar el jugo que soltó el pescado con el limón, con el ají, el ajo, el culantro, el pimiento, la cebolla y un chorrito de aceite.

3. Agregar la mezcla sobre el pescado y hornear por 10 minutos a 350° F (180° C).

**Para bocadito**

1. Envolver cada trozo de pescado con una tira de tocino y sujetar con mondadientes.
2. Llevar al horno caliente a 350° F (180° C) por 10 minutos.

# Chicharrón de calamar

(ELABORACIÓN FÁCIL)
PARA SEIS PERSONAS

## Ingredientes

1 kilo de calamares
$1^1/_2$ taza de harina
2 tazas de aceite
2 hojas de lechuga
Sal y pimienta

**Guarnición**

Papas o yucas sancochadas o fritas
Salsa criolla (ver receta en pág. 260)
Salsa tártara (ver receta en pág. 263)

### CONSEJO PRÁCTICO

Mientras más pequeños los calamares serán más tiernos; éstos pueden freírse directamente. Si son más grandes convendrá hervirlos rápidamente, no más de dos minutos porque se endurecen.

## PREPARACIÓN

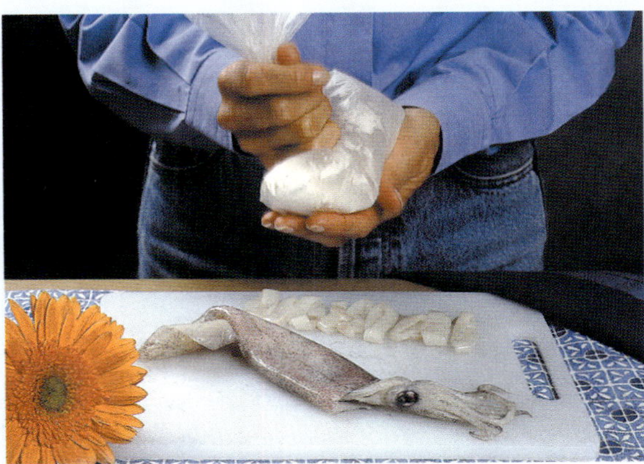

1. Limpiar los calamares y cortarlos en aros. Salpimentarlos y escurrirlos bien.
2. Poner la harina en una bolsa plástica y echar poco a poco los calamares.
3. Sacudir la bolsa para que los calamares se impregnen de harina.
4. Freírlos en aceite bien caliente.
5. Servir con la lechuga y la guarnición.

# Chicharrón de chancho

(Elaboración fácil)
para seis personas

## Ingredientes

- $1^{1}/_{2}$ kilo de chancho ($^{3}/_{4}$ de costilla y $^{3}/_{4}$ de pierna o brazuelo)
- $^{3}/_{4}$ de taza de agua
- 2 camotes grandes fritos
- Salsa criolla (ver receta en pág. 260)
- Sal y pimienta al gusto

## Preparación

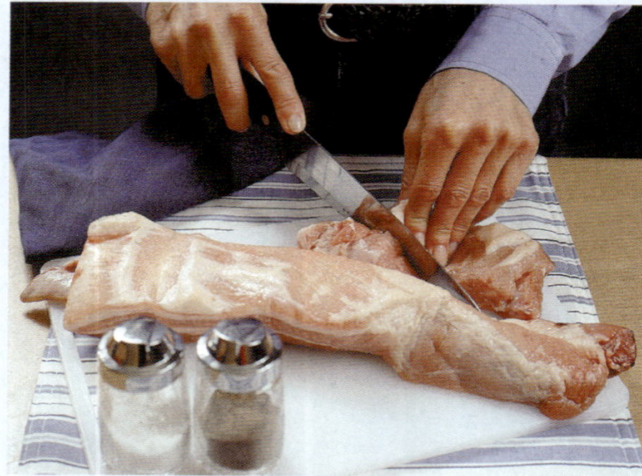

1. Trozar la carne y sazonarla con sal y pimienta.

2. Poner en una olla el agua y la carne trozada a cocinar. Cuando se evapora el agua la carne se dora en su propia grasa.
3. Acompañar con camote frito y salsa criolla.

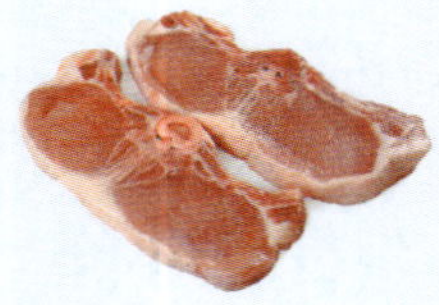

## Consejo práctico

La carne de cerdo fresco debe tener un color rosa perlado, fina textura y grasa visible de un color blanco lechoso.

# Chicharrón de pescado

(Elaboración fácil)
para seis personas

## Ingredientes

1 kilo de pescado
1 taza de harina
2 tazas de aceite
Sal y pimienta

**Guarnición**

Papas o yucas sancochadas o fritas
Salsa criolla (ver receta en pág. 260)
Salsa tártara (ver receta en pág. 263)

## Preparación

1. Cortar el pescado en trozos pequeños y salpimentarlos.
2. Pasarlos por harina.

3. Freírlos en aceite bien caliente.
4. Servir acompañados de guarnición al gusto.

## Sugerencia

Se puede enharinar los pescados con harina de maíz.

## Consejo práctico

El pescado fresco tiene los ojos salientes y brillantes, las agallas limpias y la piel cubierta por una sustancia viscosa transparente.

# Choros a la chalaca

(Elaboración fácil)
para seis personas

## Ingredientes

- 3 docenas de choros
- 1 taza de cebolla cortada en cuadritos
- 1/4 de taza de ají o rocoto cortado en cuadritos
- 1/4 de taza de perejil picado
- 1/2 taza de tomate picado en cuadritos
- 1/2 taza de jugo de limón
- Sal y pimienta al gusto

## Preparación

1. Lavar y sancochar los choros en agua con sal hasta que se abran.
2. Sacar la mitad de la concha y limpiarlos.

3. Mezclar el resto de los ingredientes y cubrir cada choro con la mezcla.

## Consejo práctico

Cuando se cocina choros es recomendable desechar aquellos cuyas valvas estén rotas o abiertas, así como los que floten al sumergirlos en agua.

## Sugerencia

Se puede trozar los choros.

# Choros arrebosados

(Elaboración laboriosa)
para seis personas

## Ingredientes

- 3 docenas de choros
- 3 cucharadas de margarina
- 3 cucharadas de harina
- 1 1/2 taza de leche
- 1 huevo
- Pan rallado, sal

### Sugerencia

Acompañar con salsa golf o salsa criolla.

## Preparación

1. Lavar los choros. Ponerlos en una olla con agua que los cubra y darles un hervor. Luego retirarlos de sus valvas.
2. Derretir la margarina, añadir la harina e incorporar la leche diluida en la misma cantidad de agua hasta formar una salsa blanca de mediana consistencia. Agregar sal.
3. Pasar los choros por la salsa caliente, luego por pan rallado y dejar enfriar.

4. Batir los huevos. Pasar los choros por los huevos batidos.

5. Freír en aceite bien caliente hasta que doren.

# Conchitas a la parmesana

(Elaboración fácil)
para seis personas

## Ingredientes

3 docenas de conchas chicas
350 gramos de queso parmesano
250 gramos de mantequilla
Salsa inglesa
Sal y pimienta

## Preparación

1. Limpiar y secar bien las conchas. Salpimentar al gusto.

2. Completar el condimento con un chorrito de salsa inglesa.

3. Añadir queso parmesano y mantequilla. Llevar a gratinar en el horno a 350°F (180° C) hasta que doren.

# Conchitas Bloody Mary

(Elaboración fácil)
para seis personas

## Ingredientes

3 docenas de conchas
1 lata de jugo de tomate
Jugo de dos limones
1 copita de vodka
Gotas de tabasco
Gotas de salsa inglesa
Sal y pimienta

## Preparación

1. Limpiar bien las conchas y reservar las valvas limpias.

2. Sazonar las conchas con sal, pimienta, jugo de limón. Agregarles el jugo de tomate, las gotas de tabasco, la salsa inglesa y el vodka.
3. Macerar por lo menos 30 minutos.

4. Servir en las valvas que se reservó.

## Sugerencia

Se pueden servir como bocaditos buscando valvas pequeñas.

## Consejo práctico

Los tomates frescos y que ya están lo suficientemente maduros deben sentirse firmes y lucir bien rojos y brillosos. Para pelarlos basta ponerlos en agua caliente por unos momentos, con lo que también mejora su sabor.

# Crepes de espinaca

(Elaboración laboriosa)
para 6 a 8 personas

## Ingredientes

**Para la masa**

- 5 huevos
- $1^{1}/_{2}$ taza de harina sin preparar
- 2 cucharadas de mantequilla derretida
- $1^{3}/_{4}$ taza de leche evaporada (1 tarro)
- $^{1}/_{2}$ cucharadita de sal

**Para el relleno**

- 1 kilo de espinacas
- $^{1}/_{4}$ de litro de crema de leche
- 4 tazas de salsa blanca bien condimentada
- 6 huevos
- Mantequilla
- Queso parmesano
- Sal, pimienta y nuez moscada

## Preparación

**Masa**

1. Licuar todos los ingredientes.
2. Dejar reposar 30 minutos.
3. Freír.

**Relleno**

1. Saltear las espinacas.
2. Mezclar con la salsa blanca y huevos duros en trozos pequeños.
3. Rellenar las crepes.
4. Acomodar en un molde enmantequillado y encima echarle salsa blanca aguada con un poco de crema de leche.
5. Rociar con queso parmesano y llevar al horno a 350°F (180°C) a gratinar.

## Sugerencia

Se pueden rellenar con champiñones y jamón, con brócoli, con conchas, camarones, etc.

# Croquetas de atún

(Elaboración mediana)
para seis personas

$^{1}/_{2}$ kilo de papa blanca
1 lata de atún
2 huevos
1 cucharada de perejil picado
1 taza de pan rallado
2 cucharadas de ketchup
1 taza de aceite
Sal y pimienta al gusto

**Sugerencia**

Se pueden acompañar con ketchup y rodajas de tomate.

## Preparación

1. Sancochar las papas en agua con sal. Una vez sancochadas pasarlas por el prensapapas.
2. Mezclar la papa, atún, un huevo, ketchup, perejil, sal y pimienta al gusto.

3. Cuando todo esté bien mezclado hacer unas bolitas.

4. Batir el huevo restante.
5. Pasar las bolitas por el pan rallado y el huevo.

6. Freírlas en aceite bien caliente.
7. Una vez fritas escurrirlas en papel toalla.

# Croquetas de pescado con coco

(Elaboración mediana)
para seis personas

## Ingredientes

800 gramos de filete de pescado
3 cucharadas de mantequilla
3/4 de taza de cebolla
1 cucharadita de ajos molidos
1/2 taza de coco rallado
1 huevo
2 cucharadas de curry
1/2 taza de pan rallado
1 taza de aceite
Sal y pimienta al gusto

## Preparación

1. Tostar el coco rallado en una sartén.
2. Freír la cebolla, curry y ajo.

3. Licuar el pescado crudo, agregarle el sofrito y el coco rallado. Mezclar bien todos los ingredientes.
4. Batir el huevo.
5. Formar las croquetitas con una cuchara, pasarlas por pan rallado y por el huevo batido, volverlas a pasar por el pan rallado.
6. Freírlas en aceite caliente.

# Croquetas de pollo

(Elaboración mediana)
para seis personas

## Ingredientes

- 1 taza de harina sin preparar
- 1 taza de pollo sancochado cortado en cuadritos
- 2 tazas de leche
- 1/4 de taza de margarina
- 2 huevos
- 1/2 taza de pan rallado
- 2 tazas de aceite
- Sal, nuez moscada y pimienta al gusto

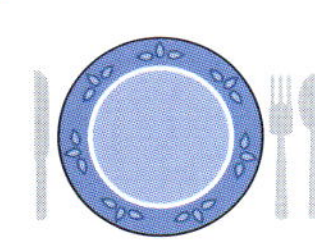

### Sugerencia

Se puede acompañar con salsa tártara, mayonesa o golf.

## Preparación

1. Preparar la salsa blanca con la leche, harina, margarina, sal, pimienta y nuez moscada.
2. Mezclar el pollo con la salsa blanca.
3. Enfriar esta mezcla en una fuente engrasada. De preferencia prepararla el día anterior.
4. Batir los huevos.
5. Con una cuchara sacar un poco de masa y pasarla por el pan y huevo.
6. Freír en aceite caliente.
7. Una vez fritas las croquetas escurrirlas en papel toalla.

# Empanadas

(Elaboración laboriosa)
para seis personas

## Ingredientes

**Para la masa**

2 tazas de harina
1/2 taza de mantequilla
3 cucharadas de manteca
1/2 cucharadita de sal
1/2 cucharadita de azúcar impalpable
5 cucharadas de agua helada

**Para el relleno**

100 gramos de carne molida
2 cebollas picadas
Sal, pimienta, pimentón
Huevo duro, pasas, aceitunas
Leche
1 yema de huevo

## Sugerencia

Si es necesario agregar una o dos cucharadas de agua a la masa.
La carne molida se puede reemplazar con jamón inglés y queso Edam, pollo picado, mixtura de mariscos, hot dog.

## Preparación

**Masa**

1. Mezclar todos los ingredientes con un tenedor. Luego amasar hasta que se desprenda de la mano.
2. Guardar en una bolsa y refrigerar por media hora.

**Relleno**

1. Calentar el aceite y dorar la cebolla picada hasta que se vuelva transparente. Añadir la carne, las pasas, revolver y condimentar. Retirar y dejar enfriar.

2. Sacar la masa de la refrigeradora. Echar harina en la mesa y estirar la masa. Cortar círculos de acuerdo al tamaño de la empanada.
3. Rellenar con el frito de carne, huevo duro y aceituna. Doblar la masa y pegar con agua chancando con el tenedor.
4. Barnizar las empanadas con yema de huevo diluida en un poquito de leche.

# Ensalada Caprese

(Elaboración fácil)
para seis personas

## Ingredientes

1 kilo de tomates italianos
250 gramos de queso mozzarella
2 dientes de ajos
4 cucharadas de aceite de oliva
2 cucharadas de aceite de cocina
4 cucharadas de vinagre
Hojas de albahaca
Pimienta y sal

## Preparación

1. Cortar la mozzarella y los ajos en láminas bien finas. Encurtirlas en aceite de oliva con un poco de sal por lo menos durante una hora, removiendo de vez en cuando.

2. Cortar el tomate en rodajas delgadas.
3. Preparar un aliño con el vinagre, el aceite de oliva y el aceite de cocina.

4. Acomodar en una fuente alternando los tomates con el queso mozzarella y las hojas de albahaca enteras o picadas.

5. Rociar con el aliño.

# Ensalada cuatro colores

(Elaboración fácil)
para seis personas

## Ingredientes

3 tazas de papa blanca en cuadraditos
1/2 taza de zanahoria en cuadraditos
1 taza de cebolla blanca en cuadraditos
1 taza de pimiento en cuadraditos
1 taza de arvejitas
4 fondos de alcachofas en cuadraditos
2 1/2 tazas de choclo desgranado
4 huevos duros
1 taza de mayonesa
100 gramos de aceitunas
1 taza de perejil

## Preparación

1. Sancochar las papas, las zanahorias, las arvejitas, las alcachofas y el choclo desgranado.

2. Dejar enfriar y mezclar con la mayonesa más el pimiento y la cebolla.
3. Sancochar los huevos. Separar las claras y las yemas de los huevos duros.
4. Picar las claras muy finitas y separar para decorar.
5. Pasar las yemas por un colador o picar muy finito. Separar para decorar.
6. Lavar el perejil y cuando las hojas estén secas picar finamente y separar para decorar.
7. Picar las aceitunas en cuadraditos y separarlas para decorar.
8. Vaciar las verduras mezcladas en una fuente y separar en cuatro cuartos.

9. Acomodar en un cuarto las claras picaditas, en otro cuarto las aceitunas picadas, en otro cuarto las yemas y por último el perejil.

# Ensalada de beterraga

(Elaboración fácil)
para seis personas

## Ingredientes

| | |
|---|---|
| 2 | atados de beterraga |
| 1 | taza de azúcar |
| 1 | taza de vinagre blanco |
| 1 | cebolla blanca |

## Sugerencia

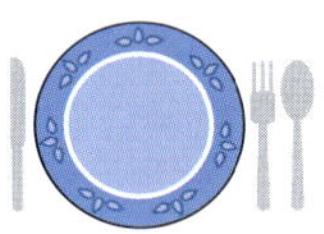

Se puede utilizar como entrada o para acompañar con carnes.

Se puede guardar en la refrigeradora con el líquido por varios días.

## Preparación

1. Sancochar las beterragas en agua y reservar una taza.

2. Pelar las beterragas y cortarlas en rodajas.
3. Poner en una olla el agua de las beterragas, el vinagre y el azúcar. Agregar las beterragas en rodajas y dejar que den un hervor.

4. Dejar enfriar, escurrir y adornar con aros de cebolla blanca.
5. Echar un chorrito de la salsa donde se sancocharon las beterragas.

# Ensalada de fideos

(Elaboración fácil)
para seis personas

## Ingredientes

- 1/4 de kilo de fideos coditos o rigatoni o espirales o corbatitas
- 1/2 taza de arvejitas sancochadas
- 1/2 taza de zanahoria sancochada y picada en cuadritos
- 1 pimiento picado en cuadritos
- 1 ají verde picado en cuadritos
- 2 fondos de alcachofa sancochados
- 6 aceitunas de botija o verdes, picadas en rodajitas
- 1 taza de pollo o jamón o 1 lata de atún o 100 gramos de tocino ahumado frito cortado a cuadritos
- 1 1/2 taza de mayonesa
- 1/4 de taza de perejil picado

## Sugerencia

Se puede usar verduras de diferentes colores para matizar el aspecto de la ensalada.

## Consejo práctico

A pesar de lo que generalmente se piensa, los fideos no engordan. Por el contrario son una excelente fuente de energía.

## Preparación

1. Sancochar los fideos *al dente* en agua con sal.
2. Colarlos y dejarlos enfriar.
3. Mezclar todos los ingredientes y servir.

# Ensalada de pallares

(Elaboración fácil)
para seis personas

## Ingredientes

- 1/2 kilo de pallares
- 2 tomates italianos cortados en rodajas
- 1 cebolla grande
- 1 cucharada de orégano
- 1 cucharada de perejil picado
- 6 hojas de lechuga
- 1 ají verde
- 3 limones (o 3 cucharadas de vinagre blanco)
- 1/4 de taza de aceite de oliva (o aceite vegetal)
- Sal y pimienta al gusto

## Preparación

1. Sancochar los pallares y dejar enfriar. Condimentar con sal, pimienta, aceite y orégano.
2. Preparar una salsa criolla con la cebolla, perejil, ají y limón o vinagre.
3. Colocar los tomates encima de los pallares y agregar la salsa criolla.
4. Adornar con hojas de lechuga.

### Sugerencia

Para que no se rompan los pallares, primero hay que sancocharlos a temperatura fuerte y al hervir bajar el fuego. Se puede reemplazar los pallares por frijoles.

### Consejo práctico

Cuando tenga que usar cebollas en ensaladas, córtelas, déjelas 10 minutos en agua hirviendo y luego enjuáguelas con agua fría. Eso suavizará su sabor.

# Ensalada de queso y jamón

(Elaboración fácil)
para seis personas

## Ingredientes

200 gramos de jamón inglés
200 gramos de queso Edam
100 gramos de pepinillo encurtido
1/2 pimiento morrón
1/2 pimiento verde
6 rabanitos
1 cucharadita de azúcar
1 vasito de yogurt natural
1 cucharada de jugo de limón
Perejil picado
Hoja de lechuga
Sal y pimienta

## Preparación

1. Cortar el queso y el jamón en cubitos pequeños, los pimientos en cuadritos, los pepinillos y rabanitos en rodajas y colocar todo en un recipiente.
2. Mezclar el yogurt con la sal, pimienta, jugo de limón, azúcar.
3. Agregar a la ensalada y dejar reposar por 20 minutos.
4. Adornar con perejil picado.

## Consejo práctico

Los pimientos rojos son más dulces que los verdes y en general contienen abundante vitamina C.

Para conservar fresco y jugoso el limón cortado, póngalo en un plato con vinagre, con la parte cortada hacia abajo.

# Ensalada rusa

(Elaboración fácil)
para seis personas

## Preparación

1. Mezclar todas las verduras con la mayonesa y el ketchup.
2. Adornar con medio huevo.
3. Se puede acompañar con lechuga.

## Ingredientes

1 taza de papa sancochada cortada en cuadritos
1 taza de zanahoria sancochada cortada en cuadritos
1 taza de arvejitas sancochadas
1 taza de vainitas sancochadas
1 taza de beterraga sancochada cortada en cuadritos
1 taza de mayonesa
2 cucharadas de ketchup
3 huevos duros

## Sugerencia

Las vainitas y las arvejitas se pueden guardar crudas y sin lavar en la congeladora para que duren más tiempo. Las vainitas se cortan como se desee y las arvejitas peladas.

## Consejo práctico

Para que las beterragas conserven su color deben cocinarse con su cáscara y con un pedacito del tallo. No deben pincharse mientras se cocinan.

# Ensalada Waldorf

(Elaboración fácil)
para seis personas

## Ingredientes

1 kilo de papa blanca sancochada
½ apio
3 manzanas grandes delicia
100 gramos de pecanas
1 taza de mayonesa
1 lechuga
Tiritas de pimiento

## Preparación

1. Pelar las papas y cortarlas en cuadraditos, cortar las manzanas y el apio también en cuadraditos.
2. Mezclar todo con mayonesa.
3. Rectificar la sal y agregar las pecanas picadas, mezclar y servir.
4. Adornar con lechuga y tiritas de pimientos.

## Consejo práctico

Al cortar las papas, colóquelas de inmediato en un recipiente de agua fría salada. De esta forma evitará que se oscurezcan.

## Sugerencia

Se puede reemplazar las pecanas por nueces.

Si desea agregar 50 gramos de pasas.

# Escabeche de pescado

(Elaboración laboriosa)
para seis personas

## Ingredientes

6 filetes de pescado
1 kilo de cebollas chicas
2 cucharadas de ají panca
1 ají verde
1 cucharadita de ajo molido
1 cucharadita de comino
1 hoja de laurel
1 cucharadita de pimienta entera
1/4 de taza de vinagre
1 taza de harina
1 cucharada de perejil
50 gramos de aceitunas
3 huevos duros
100 gramos de queso fresco
1 choclo grande (o dos chicos)
3 camotes chicos
1 taza de aceite
Sal al gusto

## Preparación

1. Salpimentar los filetes de pescado y pasarlos por harina.
2. Freír el pescado en aceite.

3. Cortar las cebollas en cuartos.
4. Poner las cebollas a dar un hervor con media taza de agua. Colar y no botar el agua.

5. Poner dos cucharadas de aceite en una olla y echar el ají panca, ajos, pimienta entera, hoja de laurel, comino, sal, ají verde cortado en juliana y la cebolla previamente escurrida. Una vez frito el aderezo agregar el vinagre y el agua donde hirvió la cebolla.
6. Poner el pescado frito en una fuente y cubrir con la salsa de cebolla, rociar con perejil y adornar con huevos duros, queso fresco y aceitunas.
7. Acompañar con los camotes y choclos sancochados.

# Flan de atún

(Elaboración fácil)
para seis personas

## Ingredientes

1 lata de filete o sólido de atún
1 tarro de leche evaporada
5 huevos
40 gramos de queso parmesano
Sal, nuez moscada y pimienta al gusto

## Preparación

1. Batir las claras a punto de nieve.
2. Mezclar la leche, yemas, queso parmesano, sal, pimienta y nuez moscada.
3. Incorporar las claras a la mezcla anterior.
4. Engrasar un molde resistente al horno.
5. Verter la mezcla al molde y llevar al horno en baño María hasta que cuaje.

## Consejo práctico

Para saber si un huevo es fresco, sumergirlo horizontalmente en agua fría. Un huevo fresco se queda en el fondo, si flota tiene más de tres semanas, si se pone en posición vertical es preferible no comerlo.

## Sugerencia

El atún se puede reemplazar por sardinas en lata o cualquier otro pescado en filete.

# Humitas de choclo

(Elaboración laboriosa)
para 12 unidades

## Ingredientes

1 kilo de choclo desgranado
2 cucharadas de ají mirasol (si lo desea más picante usar más ají)
150 gramos de queso fresco o mantecoso
1 taza de manteca
1 cebolla molida
1 taza de caldo de pollo o de cubito.
1 cucharada de ajos
Sal y pimienta al gusto

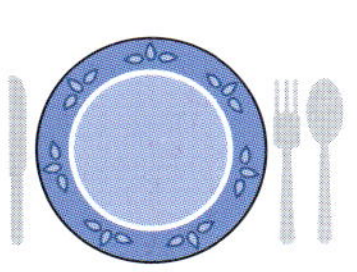

### Sugerencia

Se puede acompañar con salsa de cebolla y ají.

## Preparación

1. Licuar el choclo desgranado con el caldo de pollo suficiente para moler los granos.

2. En una olla freír la cebolla, los ajos, ají mirasol, agregar el choclo licuado y salpimentar.
3. Cocinar hasta que la mezcla espese.
4. Poner más o menos 2 cucharadas de masa en la panca, agregar un pedazo de queso y envolver.

5. Cocinar las humitas a vapor por media hora.

# Leche asada de espinacas

(Elaboración fácil)
para seis personas

## Ingredientes

200 gramos de ricotta
4 huevos
1 kilo de espinacas
1/2 taza de leche de tarro
1/2 taza de leche fresca
1/2 cucharadita de nuez moscada
2 cucharadas de queso parmesano
2 cucharadas de mantequilla
2 1/2 cucharadas de harina

## Preparación

1. Sancochar las espinacas y escurrir. Luego picarlas bien chiquito.
2. Preparar una taza de salsa blanca con la leche de tarro, la leche fresca, la nuez moscada, el queso parmesano, la mantequilla y la harina.
3. Mezclar la ricotta con los huevos, la taza de salsa blanca y las espinacas.
4. Enmantequillar un molde y vaciar la mezcla.
5. Llevar al horno en 350° (180°) por 1 hora en baño María.

## Sugerencia

Se puede reemplazar las espinacas por brócoli, coliflor o vainitas, zanahorias y arvejitas.

## Consejo práctico

Las espinacas deben cocinarse en muy poca agua, luego pasarlas inmediatamente por agua fría y escurrirlas. Nunca se deben exprimir.

# Ocopa

(Elaboración mediana)
para seis personas

## Ingredientes

| | |
|---|---|
| 12 | papas amarillas o huairo (6 papas blancas) |
| 250 | gramos de queso fresco |
| 1 | taza de leche evaporada |
| 5 | ajíes amarillos o mirasol |
| $^{1}/_{2}$ | cebolla chica |
| 2 | dientes de ajo |
| 100 | gramos de camarones |
| 4 | galletas de vainilla |
| 1 | rama de huacatay |
| 50 | gramos de maní tostado o pecanas |
| $^{1}/_{4}$ | de taza de aceite |
| 6 | aceitunas de botija |
| 3 | huevos duros |
| 6 | hojas de lechuga |
| | Sal y pimienta al gusto |

## Preparación

1. Sancochar las papas en agua con sal.
2. Sancochar los camarones y separar las colas de las cabezas.
3. Licuar las cabezas con el agua de los camarones y colar.
4. Soasar la cebolla, ajos y ají.
5. Licuar el queso fresco, leche, cebolla, ajos y ají soasados, agua de los camarones, galletas de vainilla, huacatay, maní, aceite, sal y pimienta.
6. Cubrir las papas con la salsa, adornar con huevos duros, colas de camarón, hojas de lechuga y aceitunas.

## Sugerencia

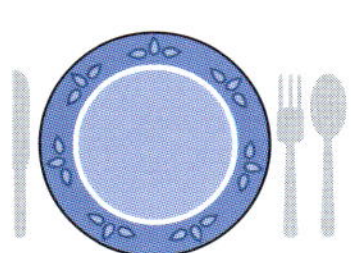

Servir como piqueo usando papas chicas o choclo desgranado y ensartado en mondadientes.

# Palta rellena con verduras

(Elaboración fácil)
para seis personas

## Ingredientes

3 paltas
2 tazas de verduras surtidas (zanahoria, arvejitas, vainitas, choclos).
Opcional:
espárragos, pimiento, papa, alcachofas
1 huevo cortado en rodajas
1 taza de mayonesa
6 hojas de lechuga

## Preparación

1. Sancochar las verduras *al dente* y dejar enfriar.
2. Una vez frías cortarlas en cuadritos y mezclarlas con la mayonesa.
3. Pelar y cortar las paltas por la mitad y salpimentarlas.
4. Rellenar las paltas con la mezcla de verduras y mayonesa.
5. Adornar con hojas de lechuga y rodajas de huevo.

## Sugerencia

Se puede rellenar la palta con pollo o atún mezclados con mayonesa.

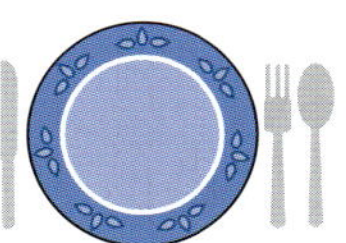

# Papa a la huancaína

(Elaboración fácil)
para seis personas

## Ingredientes

12 papas amarillas
(o 6 papas blancas)
300 gramos de queso fresco
1/2 taza de leche evaporada
3 ajíes verdes
2 cucharadas de aceite
2 huevos duros en mitades
6 aceitunas de botija
2 cucharadas de perejil picado
Sal y pimienta al gusto

### Sugerencia

Puede usarse papas chiquitas y servir como piqueo.

## Preparación

1. Sancochar las papas en agua con sal.
2. Licuar el queso, ajíes, leche, sal, aceite y pimienta (Si la salsa está muy espesa agregarle más leche).
3. Cubrir las papas con la salsa y adornar con aceitunas, huevo duro y perejil.

# Papas en salsa de maní

(Elaboración fácil)
para seis personas

## Ingredientes

100 gramos de maní tostado
2 tazas de agua
$^1/_2$ cebolla picada en cuadritos
1 cucharada de ají panca
1 kilo de papas sancochadas
Ajos, sal, pimienta

## Preparación

1. Licuar el maní hasta que quede molido.

2. Hacer un aderezo con la cebolla, el ají, los ajos, la sal y la pimienta.
3. Cocinar a fuego lento hasta que la salsa espese.
4. Servir bañando con esta salsa las papas sancochadas en rodajas. Se puede adornar con lechugas o acompañar con arroz.

### Consejo práctico

Las papas sancochadas resultan blandas si se cocinan en muy poca agua y se ponen un minuto al aire antes de servir.

### Sugerencia

El aderezo debe estar bien frito. Si la salsa se seca mucho agregar un poquito de agua hasta darle la consistencia deseada.

# Pastel de acelga

(Elaboración mediana)
para seis personas

## Ingredientes

**Para la masa**

2 1/2 tazas de harina sin preparar
1 taza de margarina (o mantequilla)
3 cucharadas de agua

**Para el relleno**

1 kilo de acelga
2 cebollas grandes cortadas en cuadraditos
1 1/2 taza de leche
1 taza de queso parmesano
4 huevos crudos
3 huevos duros
1 taza de aceite
1/4 de cucharadita de sal
1/4 de cucharadita de pimienta

### Sugerencia

Para darle brillo a la masa batir una yema y pintarla con una brocha. La masa se puede guardar.

## Preparación

**Masa**

1. Mezclar la harina y la margarina con un cuchillo o cortador de masa. Cuando todo esté mezclado agregar el agua y amasar.
2. Dividir la masa en dos porciones. Estirar bien cada una, forrar un molde de pie con una de las porciones y la otra utilizarla como tapa al final.

**Relleno**

1. Lavar y sancochar la acelga, luego escurrir bien y picarla bien chiquito.
2. Freír la cebolla en el aceite.
3. Colocar en un recipiente la acelga y mezclar con la cebolla. Agregar la leche, el queso parmesano, cuatro huevos, la sal y la pimienta.

4. Echar una parte del relleno en el molde. Poner los tres huevos duros en rodajas encima de la primera capa de relleno y luego cubrirlos con el resto del relleno.

5. Cubrir con el resto de masa haciendo una tapa y llevar al horno a temperatura mediana: 350°F (180°C) por 1 hora.

# Pastel de cebolla

(ELABORACIÓN MEDIANA)
PARA SEIS PERSONAS

## Ingredientes

**Para la masa**

2 tazas de harina
2 yemas
2 cucharadas de leche evaporada
3 cucharadas de azúcar
225 gramos de margarina

**Para el relleno**

1 kilo de cebolla blanca a la pluma
3 cucharadas de azúcar
3 cucharadas de leche evaporada
1 huevo
400 gramos de queso fresco
150 gramos de queso parmesano
1 cucharada de margarina

## PREPARACIÓN

**Masa**

1. Mezclar la harina con la margarina, trabajar con el cortador sin usar las manos.
2. Añadir el azúcar, las yemas y echar la leche de a pocos, usando sólo lo que la masa pida (depende de la humedad de la harina). Unir bien sin que se pegue.
3. Dejar reposar la masa tapada con plástico por lo menos media hora.

**Relleno**

1. Cortar la cebolla a la pluma.
2. Freír la cebolla con la margarina, esperar a que se evapore un poco el líquido, echar la leche y el azúcar y dejar cocinar un rato.

3. Incorporar el queso fresco y el queso parmesano rallado. Batir ligeramente el huevo y agregar.
4. Enmantequillar un molde refractario y colocar la mitad de la masa extendida con un rodillo entre dos plásticos. Espolvorear con un poco de harina pues la masa es muy húmeda.
5. Echar el relleno y tapar con la otra mitad de masa extendida. Pintar con una yema batida mezclada con leche.
6. Llevar al horno precalentado a 350°F (180°C) por 35 minutos.

# Pastel de choclo

(Elaboración mediana)
para seis personas

## Ingredientes

1 kilo de choclo desgranado
100 gramos de margarina
1 taza de leche evaporada
5 huevos
2 tazas de azúcar
1 copita de pisco
Sal y pimienta al gusto

**Para el relleno**

1/2 kilo de carne molida
1 cebolla picada en cuadritos
1 cucharadita de ajos molidos
10 aceitunas de botija
50 gramos de pasas
1 cucharada de perejil picado
2 huevos
2 cucharadas de aceite
Sal y pimienta al gusto

### Sugerencia

Se puede utilizar azúcar rubia.

## Preparación

1. Licuar el choclo con la taza de leche.
2. Agregar la margarina derretida, 5 yemas, el azúcar, la copita de pisco, sal y pimienta.
3. Batir las claras a punto de nieve y mezclarlas a la preparación anterior.

**Relleno**

1. En 2 cucharadas de aceite freír la cebolla y el ajo, agregar la carne, sal, pimienta y perejil y cocinar hasta que la carne esté bastante seca. Finalmente agregar las pasas.

2. En un molde engrasado echar la mitad de la masa.

3. Agregar el relleno, aceitunas y los huevos cortados en cuatro. Cubrir con el resto de la masa.
4. Llevar al horno por 45 minutos a 350° F (180° C).

# Pastel de poro

(Elaboración laboriosa)
para 6 a 8 personas

## Ingredientes

**Para la masa**

- 1/2 kilo de harina
- 300 gramos de mantequilla
- 1 cucharadita de azúcar
- 1/2 cucharadita de polvo de hornear
- Leche (lo suficiente para amasar)

**Para el relleno**

- 8 poros
- 5 huevos
- 1 taza de queso parmesano
- 1 taza de leche
- 2 cucharadas de harina preparada
- 1 cucharada de mantequilla
- 2 cucharadas de azúcar
- Sal y pimienta

## Preparación

**Masa**

1. Mezclar todos los ingredientes y amasar. Dividir la masa en dos partes.
2. Estirar la masa en un pírex rectangular y utilizar la otra mitad para tapar al final.

**Relleno**

1. Cortar los poros finamente.
2. En una sartén poner la mantequilla y el azúcar y revolver. Echar los poros y sudar al mínimo. Salpimentar.

3. Agregar las dos cucharadas de harina diluidas en la leche y mover hasta espesar.

4. Fuera del fuego añadir los huevos uno por uno y el queso parmesano.

5. Echar el relleno sobre la masa estirada en el pírex y luego tapar con el resto de la masa. Pasar un huevo batido sobre la tapa de masa para que dore.
6. Llevar al horno precalentado en 350°F (180°C) hasta que esté dorada la masa.

# Quiche de poro

(Elaboración mediana)
para seis personas

## Ingredientes

**Para la masa**

100 gramos de margarina
$^1/_2$ cucharadita de sal
1 taza de harina preparada
$2^1/_2$ cucharadas de agua helada

**Para el relleno**

1 poro picado (lo verde y lo blanco)
150 gramos de jamón picado
100 gramos de queso Edam o similar
3 huevos
$^3/_4$ de taza de leche evaporada
2 cucharadas de crema de alcachofa, espinaca, champiñones o coliflor deshidratada
1 cucharada de aceite
1 cucharada de mantequilla o margarina
Sal, pimienta, orégano y nuez moscada al gusto

## Preparación

**Masa**

1. Mezclar la harina y la sal. Agregar la margarina. Unir con un cuchillo o cortador de masa hasta que tenga consistencia arenosa, luego agregar el agua helada y amasar. Dejar reposar 10 minutos en el refrigerador.
2. Estirar la masa con un rodillo y forrar un molde de pie.

**Relleno**

1. Freír en aceite y mantequilla el poro hasta que esté ligeramente blando.

2. Colocar en un bol el poro y mezclar con el jamón, queso, pimienta, orégano y nuez moscada.
3. Batir los huevos con la leche y la crema de alcachofa deshidratada.
4. Juntar las dos mezclas y verificar la sal.

5. Colocar la masa en el molde y llevar al horno a temperatura mediana hasta que dore.

# Rocotos rellenos a la Trini

(Elaboración laboriosa)
para seis personas

## Ingredientes

4 rocotos grandes
500 gramos de carne molida de res
4 tomates
2 cebollas medianas
150 gramos de pasas
3 huevos duros
300 gramos de queso mantecoso
100 gramos de margarina
1 1/2 kilo de papa blanca
1/4 de crema de leche
1 tarro de leche evaporada (con 1/3 de agua)
Azúcar
Orégano, comino, perejil
Sal y pimienta
Aceite

### Sugerencia

La carne de res se puede reemplazar por pescado o pulpa de cangrejo.

## Preparación

1. Cortar los rocotos por la parte de arriba y sacarles las semillas y las venas. Poner una cucharadita de sal en cada rocoto para disminuir el picante.

2. Luego poner en un recipiente leche con azúcar y remojar los rocotos de un día para otro.

**Relleno**

1. Hacer un picadillo en la sartén. Poner un poco de aceite y dorar la cebolla, agregar el tomate, la sal, la pimienta, el comino, el orégano y el perejil. Luego echar la carne, al final añadir las pasas y el huevo duro picado.

2. Rellenar los rocotos con el picadillo.
3. Pelar las papas y ponerlas crudas en rodajas en una fuente refractaria enmantequillada.

4. Echar un poco de sal e ir acomodando los rocotos rellenos, esparcir el queso, ponerle trocitos de margarina y verter la crema de leche encima.
5. Llevar al horno moderado a gratinar por 1 hora aproximadamente.

# Rollo de papa

(Elaboración laboriosa)
para seis personas

## Ingredientes

| | |
|---|---|
| 1/2 | kilo de papas amarillas |
| 1 | taza de arvejitas cocidas |
| 1 | paté |
| 1 | pimiento cocido |
| 2 | huevos duros |
| 2 o 3 | limones |
| | Mayonesa, aceituna |
| | Sal y pimienta |

### Consejo práctico

Para que las arvejitas no pierdan su color, se ponen a cocinar en agua hirviendo con la olla destapada.

### Sugerencia

Servir con lechuga y rodajas de tomate.
Se puede usar papel film o poligrasa en vez de servilleta para enrollar.

## Preparación

1. Cocinar las papas y pasarlas por el prensapapas. Amasar con mayonesa, jugo de limón al gusto, sal y pimienta.
2. Formar una masa de mediana consistencia. Colocarla sobre una servilleta de tela y darle forma rectangular.
3. Mezclar el paté con las arvejitas, el pimiento picado y los huevos duros. Agregar la mayonesa necesaria.
4. Acomodar esta preparación sobre la papa sin llegar a los bordes.
5. Enrollar ayudándose con la servilleta.
6. Colocar el rollo en una fuente, decorar con mayonesa, tiras de pimiento y aceitunas.

# picón de pollo

ELABORACIÓN FÁCIL)

PARA SEIS PERSONAS

## Ingredientes

4 tazas de papa blanca

1 1/2 taza de pechuga de pollo cortada en cuadritos

1 taza de lechuga cortada en juliana

1 taza de cebolla picada en cuadritos

2 limones

2 cucharadas de aceite

Sal y pimienta al gusto

## PREPARACIÓN

1. Sancochar la papa y el pollo y cortar en cuadritos.
2. Mezclar con la lechuga y la cebolla.
3. Sazonar con limón, aceite, sal y pimienta.

### CONSEJO PRÁCTICO

Para evitar que las papas se abran, agregar un poco de sal al agua donde se van a cocinar.

### SUGERENCIA

El pollo puede ser reemplazado por atún o carne cortada en cuadritos.

# Sangrecita

(Elaboración fácil)
para seis personas

## Ingredientes

- 1/2 kilo de sangre de pollo
- 1/4 de cebolla picada
- 2 ajíes verdes
- 1 kilo de papa blanca
- Ají molido al gusto
- Perejil, culantro y hierbabuena
- Sal, pimienta y ajos
- Aceite
- Cebollita china (opcional)

## Preparación

1. Sancochar la sangre, escurrir y dejar reposar un rato. Luego cortarla en cuadritos.
2. Freír los ajos, la cebolla finamente picada, el ají molido, la sal y la pimienta. Luego añadir la sangre.
3. Agregar el culantro, el perejil y la hierbabuena picados finamente, el ají verde en tiritas y revolver bien. Si desea agregar cebollita china picada.

4. Tapar para que sude y quede jugoso.

## Sugerencia

Se puede servir sobre lechuga y papas sancochadas en rodajas.

Se puede mezclar la sangrecita con papa sancochada en cuadritos y arroz.

Se puede servir en una fuente para comer con pan como relleno.

# Solterito de habas

(Elaboración fácil)
para seis personas

## Ingredientes

- 1/2 kilo de habas
- 2 choclos
- 1 ají verde
- 4 cucharadas de aceite de oliva
- 1 cucharada de vinagre
- 1/4 de kilo de queso fresco
- 1/2 cucharadita de pimienta
- 1/2 kilo de papa
- Sal al gusto

## Preparación

1. Sancochar las habas en una olla con poca agua y en otra olla sancochar las papas picadas en cuadritos junto con el choclo.
2. Escurrir el agua y mezclar las habas con las papas, el choclo y el queso fresco.
3. Aliñar o condimentar con el aceite, el vinagre, la pimienta y sal al gusto.
4. Picar el ají en cuadritos pequeños y echar por encima.

## Consejo práctico

Deben escogerse los ajíes de aspecto fresco y brillante, sin manchas marrones ni puntos negros. Al lavarlos, usar agua fría y no caliente, para evitar que las emanaciones irritantes lleguen a la cara.

## Sugerencia

Si está muy seco, agregar aliño al gusto.
**Aliño:** 4 cucharaditas de aceite por 1 de vinagre.

# Soufflé de brócoli

(Elaboración laboriosa)
para seis personas

## Ingredientes

- 500 gramos de brócoli
- 4 huevos
- 50 gramos de queso parmesano
- 2 cucharadas de margarina
- 2 cucharadas de harina sin preparar
- 1/2 taza de leche evaporada
- 1/2 taza de agua
- Sal, pimienta y nuez moscada

## Preparación

1. Hervir el agua y cocinar el brócoli por cuatro minutos.
2. Preparar salsa blanca disolviendo en una olla la margarina con la harina. Retirar del fuego y añadir poco a poco la leche caliente mezclando con una cuchara de madera.

3. Mezclar la salsa blanca con el queso parmesano, la sal, la pimienta y una pizca de nuez moscada.
4. Añadir las yemas una por una batiendo bien.
5. Agregar las claras a punto de nieve y mezclar suavemente.
6. Incorporar el brócoli a la mezcla.
7. Llevar a hornear a 350°F (180°C) en un molde engrasado y espolvoreado con pan molido por 25 minutos o hasta que esté dorado.

## Consejo práctico

La nuez moscada puede usarse tanto en platos salados como en dulces.
Es preferible comprar las nueces enteras para rallarlas a medida que se necesita.

## Sugerencia

El brócoli se sancocha en sus ramas grandes y luego se pica chiquito.

Se puede reemplazar el brócoli por verduras mixtas o por coliflor.

# Soufflé de zanahoria

(Elaboración mediana)
para seis personas

## Ingredientes

- 6 zanahorias medianas
- $3^1/_2$ cucharaditas de harina
- 1 tarro de leche
- $^1/_2$ cucharadita de nuez moscada
- $^1/_2$ cucharadita de sal
- $3^1/_2$ cucharaditas de mantequilla
- 1 taza de queso parmesano
- 6 huevos

## Preparación

1. Sancochar las zanahorias, botar el agua y licuarlas con 1/2 taza de leche.
2. Preparar salsa blanca con el resto de la leche, la harina, la mantequilla, el queso parmesano y la nuez moscada.
3. Batir las claras a punto de nieve.
4. Medir 2 tazas de puré de zanahoria y 2 tazas de salsa blanca. Agregar las yemas de los huevos. Luego mezclar el puré con la salsa blanca.
5. Agregar las claras batidas a la mezcla anterior.
6. Poner unas gotitas de aceite en el molde y agregar la mezcla.
7. Llevar al horno en baño María por 1 hora a 350°F ( 180° C).

## Sugerencia

La salsa blanca debe hacerse con leche y no con agua.
Mezclar suavemente las claras a punto de nieve para que no se bajen.

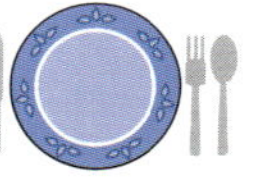

# Tamalitos verdes de garbanzos

(Elaboración laboriosa)
para 12 a 14 unidades

## Ingredientes

- 1/2 kilo de garbanzos
- 1/2 taza de culantro licuado
- 1 cebolla mediana molida
- 1 cucharadita de ajo molido
- 1 cucharada de ají verde molido
- 1 taza de aceite o manteca

**Relleno**

- 1/4 de kilo de chancho o pollo
- 1 cebolla en rajas soasada
- 1 ají verde soasado
- 100 gramos de aceitunas de botija
- 2 huevos duros
- 3 paquetes de panca de choclo
- 1 cucharada de aceite o manteca
- Sal al gusto

### Sugerencia

Los garbanzos pueden reemplazarse por 1 kilo de choclo rallado.

## Preparación

1. Remojar los garbanzos desde el día anterior, pelarlos y molerlos.
2. En una olla sancochar el pollo o chancho. Guardar el caldo.
3. Echar la manteca en otra olla y freír la cebolla, el ajo, ají, culantro y sal.

4. Agregar el garbanzo y echar 1/2 litro de caldo.
5. Cocinar la masa por 30 minutos.

6. Poner 2 cucharadas de masa en una panca de choclo y agregarle un pedazo de carne, aceituna, huevo, cebolla y ají soasados.

7. Envolver y amarrar los tamalitos en las pancas de choclo.
8. Cocinarlos a vapor por 30 minutos.

# Tequeños

(Elaboración fácil)
para seis personas

## Ingredientes

$^1/_2$ kilo de masas de wantan
250 gramos de queso fresco
$^1/_2$ botella de aceite vegetal

**Salsa**

1 palta
$^1/_2$ taza de cebolla picada en cuadritos
$^1/_2$ taza de tomate picado en cuadritos
$^1/_2$ taza de mayonesa
1 cucharadita de ají molido
1 limón

## Preparación

1. Cortar el queso en palitos rectangulares y envolverlos en la masa, para pegar la masa humedecer los bordes.

2. Freírlos en aceite bien caliente.

**Salsa**

1. Moler la palta.
2. Mezclar la cebolla, tomate, ají, jugo del limón y mayonesa con la palta.

## Sugerencia

Escurrir el queso fresco antes de envolverlo. Se puede agregar jamón.

# Tiradito de pejerrey

(Elaboración fácil)
para seis personas

## Ingredientes

1 kilo de pejerrey limpio
1/2 kilo de limón
Ají verde molido al gusto
Ajos, sal, comino, pimienta
Culantro picado
Papas o camotes sancochados

## Preparación

1. Lavar bien los pejerreyes, quitar la cabeza y la cola. Cortar en pedazos de 2 cm aproximadamente.
2. Vaciar en una fuente el ají molido, el jugo de limón y las especerías, dejar reposar unos minutos.
3. Macerar los pejerreyes por unos 15 minutos en la salsa de ají y limón.
4. Al final agregar culantro picado.
5. Servir con lechuga y camotes sancochados.

# Tomates rellenos

(Elaboración fácil)
para seis personas

## Ingredientes

- 6 tomates
- 2 tazas de pollo sancochado cortado en cuadritos
- $^3/_4$ de taza de mayonesa
- 1 cucharada de perejil picado
- 2 huevos duros
- 6 hojas de lechuga
- Sal y pimienta al gusto

### Sugerencia

El pollo puede reemplazarse con verduras sancochadas o atún.

## Preparación

1. Cortar los tomates por la parte superior y sacar con una cucharita la comida interior.
2. Apoyarlos por la parte del corte para escurrirlos.
3. Salpimentarlos.

4. Mezclar el pollo con la mayonesa y el perejil.

5. Rellenar los tomates, adornarlos con hojas de lechuga y rajas de huevo.

# Tortilla de arroz

(Elaboración fácil)
para seis personas

## Ingredientes

| | |
|---|---|
| 2 | tazas de arroz cocido |
| 3 | huevos |
| 1/2 | taza de cebolla china picada |
| 1/2 | taza de perejil picado |
| 1 | cucharada de harina |
| 1 | cucharadita de polvo de hornear |
| | Aceite para freír |
| | Sal y pimienta al gusto |

## Preparación

1. Batir las claras a punto de nieve.
2. Agregar las yemas, harina, polvo de hornear y pimienta. Mezclar bien.
3. Agregar el perejil, la cebolla china y el arroz.

4. Freír las tortillas en aceite bien caliente.

## Consejo práctico

Las tortillas quedan más esponjosas si se añade un poquito de agua o leche hirviendo, al momento de batirlas.

# Tortilla de mariscos

(Elaboración fácil)
para seis personas

## Ingredientes

| | |
|---|---|
| 1/2 | docena de choros |
| 1/2 | docena de almejas |
| 1 | docena de conchitas |
| 1 | docena de langostinos |
| 5 | huevos |
| 2 | cucharaditas de ajo |
| 50 | gramos de queso parmesano |
| 50 | gramos de pan rallado |
| 1 | cucharada de perejil |
| 1 | cucharada de albahaca |
| | Sal y pimienta |

## Preparación

1. Saltear los mariscos en una sartén sin nada de aceite para que suelten su jugo.

2. En un recipiente mezclar los huevos, los mariscos, el perejil, los ajos, la albahaca pasada por agua caliente y picada, el queso parmesano y el pan rallado. Condimentar con sal y pimienta.

3. Calentar la sartén con un poco de aceite, echar la preparación y dejar cocinar hasta que cuaje.
4. Decorar con ramitas de albahaca o con tajadas de limón y perejil.

## Consejo práctico

Cuando se cocinan alimentos de olor fuerte como los mariscos, hacerlo a fuego fuerte y con la olla destapada.

# Tortilla de papa

(Elaboración fácil)
para seis personas

## Ingredientes

- $^1/_4$ de kilo de cebolla roja
- $^1/_2$ cucharadita de ajos
- $1^1/_2$ kilo de papa blanca
- 9 huevos
- Aceite
- Sal y pimienta

### Consejo práctico

Si le gustan las papas fritas bien doraditas, espolvoréelas con un poquito de harina antes de freírlas.

### Sugerencia

Es mejor que la tortilla no quede muy dorada.

## Preparación

1. Pelar las papas, cortarlas en rodajas delgaditas y freírlas a fuego lento.
2. En una sartén freír con aceite de oliva la cebolla en cuadraditos, con el ajo, sal y pimienta.
3. Batir los huevos bien y mezclar con la papa y la cebolla. Dejar reposar unos minutos.
4. En una sartén de teflón freír toda la mezcla y hacer una tortilla grande.

# Vainitas a la francesa

(Elaboración fácil)
para seis personas

- 1 kilo de vainitas
- 1 cebolla blanca
- 1 ramita de perejil
- 1/4 de cucharadita de salvia o hinojo
- 1 cucharadita de mantequilla
- Sal y pimienta
- 1/2 cucharadita de bicarbonato

## Preparación

1. Picar las vainitas y hervirlas con una pizca de bicarbonato, deben quedar *al dente*. Luego escurrirlas.
2. En una sartén calentar la mantequilla y agregar la cebolla blanca y el perejil finamente picados, la salvia, la sal y la pimienta. Cocinar unos minutos.
3. Agregar las vainitas bien secas. No debe quedar líquido.

## Sugerencia

Echar bicarbonato para que las vainitas no pierdan su color.
Hervir de 3 a 5 minutos.
Escurrirlas bien.
Sirve para acompañar carne de res, pollo o chancho.

# Wantán frito

(Elaboración laboriosa)
para seis personas

## Ingredientes

1 paquete de masa wantán fresca
200 gramos de pollo molido
200 gramos de chancho molido
50 gramos de chancho asado (cha siu)
3 hongos chinos
4 cucharadas de sillau
1 copita de pisco
1 cucharada de azúcar rubia

## Preparación

1. Cortar el chancho asado muy fino. Remojar los hongos y cortarlos finamente.
2. Mezclar todos los ingredientes y dejar macerar por unos minutos.

3. Poner media cucharada de relleno en una esquina de la masa y enrollar.

4. Usar un huevo crudo y con la clara humedecer los extremos uniéndolos con un movimiento semicircular.

5. Freír en aceite muy caliente.
6. Poner sobre papel absorbente y servir, acompañando con salsa de tamarindo.

# Yuquitas rellenas

(Elaboración mediana)
para seis personas

## Ingredientes

- 1 kilo de yuca
- 200 gramos de queso mantecoso o mozzarella
- 100 gramos de jamón inglés
- 2 cucharadas de orégano
- 1 taza de harina sin preparar
- 2 tazas de aceite
- Sal (Opcional: hojitas de orégano)

## Preparación

1. Sancochar las yucas y chancarlas calientes con un tenedor.
2. Condimentarlas con sal y amasarlas.
3. Dividir la masa en 12 o 14 porciones y pasar cada porción por harina.
4. Estirar y rellenar cada porción con queso, jamón y orégano.
5. Pasar nuevamente las yuquitas por harina.
6. Freírlas en aceite caliente.
7. Una vez fritas escurrirlas en papel toalla.

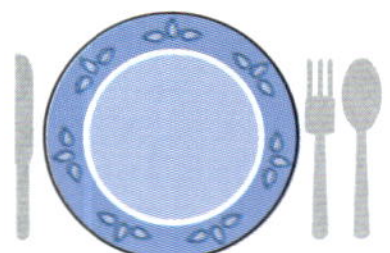

## Sugerencia

Se puede rellenar con queso y jamón.
Se puede acompañar con ají, salsa golf o tártara.
Se puede rellenar con manjarblanco u otro dulce.

# Zapallito italiano relleno

(Elaboración mediana)
para seis personas

## Ingredientes

| | |
|---|---|
| 6 | zapallitos italianos |
| 3 | rodajas de pan de molde |
| 1 | taza de queso parmesano |
| 4 | huevos |
| 1 | cebolla picada en cuadraditos |
| 3 | cucharadas de mantequilla |
| 1 | taza de leche |

## Preparación

1. Cortar a lo largo y sancochar los zapallitos.
2. Freír las cebollas con la mantequilla.
3. Remojar las rodajas de pan con la leche.
4. Escurrir los zapallitos sancochados, sacar la comida del medio y ponerla en un colador. Acomodar las cortezas en un molde enmantequillado.

**Relleno**

5. Poner en un tazón la comida de los zapallitos y agregar el pan remojado con leche, el queso parmesano, los huevos y la cebolla frita.
6. Echar el relleno sobre los zapallitos sancochados y rociar con un poco de queso parmesano. Hornear por 30 minutos a 350°F (180°C).

# Zapallitos rellenos

(Elaboración mediana)
para seis personas

## Ingredientes

6 zapallitos italianos chicos
2 huevos
4 salchichas italianas
1 taza de leche evaporada
2 rebanadas de pan de molde
3 cucharadas de queso parmesano
1/2 taza de pan rallado
1/4 de taza de margarina o mantequilla derretida
Sal, pimienta y nuez moscada al gusto

### Sugerencia

El zapallito se puede sustituir por berenjenas.

## Preparación

1. Cortar los zapallitos por la parte superior y sancocharlos *al dente*.

2. Una vez sancochados, con una cucharita sacar las pepas.
3. Cortar las salchichas y freírlas a medio dorar.
4. Licuar las pepas del zapallito, huevos, leche y las rebanadas de pan.

5. Agregar a la mezcla anterior las salchichas, queso parmesano, sal, pimienta, nuez moscada y margarina o mantequilla derretida.
6. Rellenar los zapallitos y rociarlos con pan rallado.
7. Ponerlos en una fuente engrasada y hornearlos hasta que se doren y tomen consistencia.

# Sopas

# Aguadito de pescado

(Elaboración fácil)
para seis personas

## Ingredientes

1 pescado entero (aprox. 1.5 kg)
1/2 cebolla roja
6 papas amarillas medianas
1 cebolla roja mediana picada en cuadritos
1 taza de arvejas
1 taza de arroz
1/2 taza de culantro molido
1 cucharadita de ajos molidos
Ají, sal, pimienta y comino al gusto

### Sugerencia

Al momento de servir agregar jugo de limón.

## Preparación

1. Separar la carne del espinazo del pescado y trozar.
2. En tres litros de agua colocar el espinazo y media cebolla, hervir por cinco minutos, posteriormente colar.

3. En una olla, freír la cebolla picada, ajos molidos, ají, sal, pimienta y comino. Una vez bien frita la cebolla agregar el culantro molido y freírlo.
4. Echar el caldo colado y las arvejas.

5. Agregar el arroz y cuando esté a medio cocinar agregar las papas amarillas peladas.
6. Cuando las papas estén a medio cocinar agregar los trozos de pescado.

# Asado de papa

(Elaboración fácil)
para seis personas

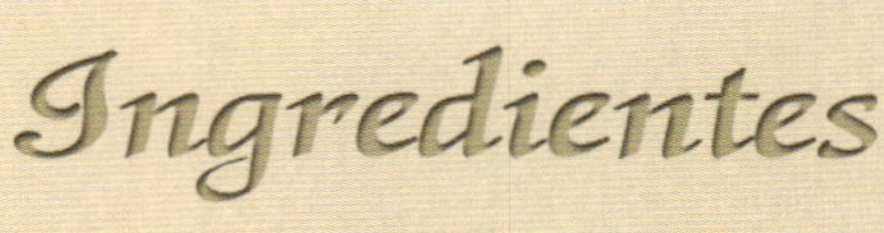

## Ingredientes

- 2 litros de caldo de pollo o carne
- 6 papas amarillas
- 1 taza de cebollas picadas en cuadritos
- 1 cucharada de pasta de tomate
- 1 taza de aceite
- 1 cucharadita de ajos molidos
- 2 cucharadas de arroz
- Orégano, sal, pimienta al gusto.

### Sugerencia

Si no se sirviera inmediatamente sacar las papas para que no se deshagan.

## Preparación

1. Freír la cebolla, ajos, pasta de tomate, sal y pimienta.

2. Agregar los dos litros de caldo. Cuando rompa el hervor agregar las papas amarillas y el arroz.
3. Finalmente, agregar el orégano.

# Cazuela de carne y verduras

(Elaboración mediana)
para seis personas

## Ingredientes

- 1/2 kilo de carne
- 1 taza de yuca en trocitos (opcional)
- 1 choclo desgranado
- 1/2 taza de zanahoria cortada en cuadritos
- 1/2 taza de arvejas
- 1/2 taza de vainitas picadas
- 1/2 taza de apio picado en trozos pequeños
- 1/2 taza de poro picado chiquito
- 1/2 taza de nabo picado en cuadritos
- 1 taza de col cortada a la juliana
- 1/2 taza de zapallo cortado en cuadritos
- 1 cebolla cortada en cuadritos
- 1 cucharadita de ajos molidos
- 2 cucharadas de aceite
- 1 cucharada de perejil picado
- Sal, pimienta, orégano al gusto

## Preparación

1. Picar las verduras: zanahoria, vainitas, apio, poro, nabo, zapallo y col.
2. Poner el aceite en una olla y freír la cebolla con los ajos.
3. Cortar la carne en trozos y echarla al aderezo, después de sofreírla agregar la sal, el orégano y la pimienta.
4. Echar tres litros de agua y hervir hasta que la carne esté casi cocida.

5. Agregar las verduras picadas, el choclo desgranado, las arvejitas y sancochar hasta que todo esté cocido.
6. Agregar el perejil picado y servir.

# Chilcano de pescado

(Elaboración fácil)
para seis personas

## Ingredientes

1 kilo de pescado con espinazo
1 rama de apio
1 rama de perejil
1 rama de culantro
1 zanahoria
1 cebolla mediana
1 diente de ajo
4 papas blancas
1 rama de cebolla china picadita
1 vaso de vino blanco
Ají al gusto
Limón al gusto

## Preparación

1. Poner a hervir el pescado con agua que lo cubra, junto con el apio, el perejil, el culantro, la zanahoria, la cebolla mediana picadita y el ajo.

2. Colar el caldo resultante y separar el pescado del espinazo.
3. Agregar al caldo la papa, la cebolla china picadita y el vaso de vino.
4. Dejar que dé un hervor y servir con trozos de pescado.
5. Acompañar con ají y limón.

## Sugerencia

El pescado se coloca en trozos con el espinazo y puede ser corvina, cojinova, congrio, bonito u otro.

# Chupe de camarones

(Elaboración mediana)
para seis personas

## Ingredientes

- 1 kilo de camarones
- 1/2 kilo de papa amarilla pelada
- 1 taza de arvejas
- 1 choclo en rodajas
- 1/4 de taza de arroz
- 1 lata de leche evaporada
- 1 cebolla picada
- 1 cucharada de ají panca molido
- 1 cucharadita de ajo molido
- 2 cucharadas de aceite
- 2 huevos batidos o 1 huevo crudo por plato
- 100 gramos de queso fresco
- Sal, pimienta y orégano al gusto

### Sugerencia

Si no se va a servir inmediatamente sacar las papas para que no se deshagan.
Se puede agregar los huevos batidos o un huevo crudo por plato echándolo en la sopa bien caliente.
Se puede reemplazar el choclo en rodajas por choclo desgranado.

## Preparación

1. Limpiar los camarones y guardar el coral.
2. Freír en una olla la cebolla, ajo, ají, sal y pimienta. Una vez frito el aderezo, agregar los corales previamente disueltos en un poco de agua y colados. Agregar dos litros de agua.

3. Cuando rompa el hervor, echar los choclos, arvejas y arroz.
4. Cuando las verduras estén a medio cocinar, echar las papas y cuando éstas estén a medio cocinar agregar los camarones.

5. Agregar el queso fresco en cuadritos, los huevos batidos y el orégano.
6. En el último minuto agregar la leche y servir.

# Chupe de habas

(Elaboración fácil)
para seis personas

## Ingredientes

| | |
|---|---|
| 1/2 | kilo de habas |
| 1 | cucharada de ají molido |
| 4 | papas blancas cortadas en cuartos |
| 3 | cucharadas de arroz |
| 1/2 | taza de cebolla picada |
| 1 | cubito de carne |
| 100 | gramos de queso fresco |
| 2 | huevos |
| 1 | cucharada de pasta de tomate (opcional) |
| | Leche evaporada |

## Preparación

1. Freír las cebollas, el ají molido, la pasta de tomate y revolver.

2. Agregar seis tazas de agua, el cubito, las habas peladas, las papas cortadas y el arroz.
Dejar cocer a fuego moderado.

3. Antes de bajar, añadir los huevos ligeramente batidos, el queso fresco picado y un chorrito de leche evaporada.

## Sugerencia

Si desea, puede añadir al final una pizca de orégano seco.
Puede agregar una bolsita de camaroncitos chinos en lugar del cubito de carne.

# Chupe de trigo

(Elaboración fácil)
para seis personas

## Ingredientes

1 taza de trigo
8 tazas de agua
2 papas cortadas en cubitos
100 gramos de queso fresco
1/2 cebolla picada
1 cucharada de ají colorado
Hierbabuena, perejil
Ajos, sal, pimienta, comino

## Preparación

1. Sancochar el trigo. Agregar el agua, las papas y dejar cocinar.
2. Hacer un aderezo con la cebolla, los ajos, el ají, la sal, la pimienta y el comino.
3. Vaciar el aderezo sobre la olla del trigo y cocinar unos minutos a fuego moderado.
4. Antes de sacar del fuego agregar el queso en cuadritos, la hierbabuena y el perejil picado.

### Consejo práctico

Si las papas antes de sancocharlas, se cortan y se ponen en agua fría, permanecen blancas luego de cocidas.

### Sugerencia

Escoger el trigo y remojarlo por 15 o 20 minutos con bastante agua.
El aderezo debe estar bien frito.
Si desea agregar un cubito de carne.

# Crema de alcachofas

(Elaboración mediana)
para seis personas

## Ingredientes

- 6 alcachofas
- 4 tazas de caldo de pollo
- 1/4 de litro de crema de leche
- 1/2 taza de leche de tarro
- 1/2 taza de leche fresca
- 1/2 cucharadita de nuez moscada
- 2 cucharadas de queso parmesano
- 2 cucharadas de mantequilla
- 2 1/2 cucharadas de harina

## Sugerencia

Si la crema está muy espesa soltarla con el agua de las alcachofas.
Se puede servir con crema de leche.
Se puede servir con pan tostado: cortar el pan en cubitos, freírlo o tostarlo al horno con mantequilla o ajos.

## Preparación

1. Sancochar las alcachofas, separar las hojas y los fondos.
2. Licuar las hojas con el caldo, luego colarlas.

3. Preparar una salsa blanca con la leche de tarro, la leche fresca, la nuez moscada, el queso parmesano, la mantequilla y la harina. Incorporar una taza de esta salsa a las hojas licuadas.

4. Licuar la mitad de los fondos de alcachofa. La otra mitad cortarla en cuadrados pequeños. Agregar todo a la crema.

# Crema de tomate

(Elaboración fácil)
para seis personas

## Ingredientes

- 1 kilo de tomates
- 4 tazas de caldo de pollo
- 1 cucharada de ketchup
- 1/2 cucharada de azúcar
- 1 rama de albahaca

### Consejo práctico

Para conservar la albahaca se meten las hojas muy apretadas en un frasco y se esparce entre las capas un poco de sal. Se llena luego el frasco con aceite de oliva.

### Sugerencia

Para que la crema quede de un color rojo vivo, no deben licuarse los tomates.

## Preparación

1. Poner a sancochar los tomates con el caldo de pollo.
2. Cuando estén cocidos los tomates colarlos.
3. Después del colado queda como una crema y se agrega el ketchup y el azúcar.
4. Decorar con hojas de albahaca.

# Crema de zanahoria

(Elaboración fácil)
para seis personas

4 tazas de caldo de pollo
5 zanahorias
1/4 de litro de crema de leche

## Preparación

1. Sancochar las zanahorias con el caldo de pollo.
2. Licuar las zanahorias con el caldo.
3. Calentar para servir y echarle crema de leche al gusto.

## Consejo práctico

Las zanahorias deben sancocharse en agua con sal. Previamente conviene raspar la cáscara.

## Sugerencia

La crema de leche se puede reemplazar por leche de tarro.
Se puede reemplazar las zanahorias por poro, o apio, o zapallo, o espinaca, o alcachofa.
Se puede servir con pan tostado: cortar el pan en cubitos y freír o tostarlos con mantequilla y un poquito de ajos.

# Dieta de pollo

(Elaboración fácil)
para seis personas

## Ingredientes

| | |
|---|---|
| 1 | pechuga o encuentros de pollo |
| | Menudencia de pollo |
| 2 | papas amarillas |
| 1 | zanahoria |
| 1 | rama de apio |
| 1 | pedazo de poro |
| 1/2 | taza de arroz |
| | Sal |
| | Fideos cabello de ángel |

## Preparación

1. Hervir la menudencia con la zanahoria, el apio y el poro.
2. Colar el caldo y volver a poner en la olla sólo el líquido.

   Echar sal.
3. Luego picar la zanahoria y agregar al caldo, echar las papas amarillas y el arroz.
4. Al final echar fideos cabello de ángel.

## Consejo práctico

Se conoce al apio fresco si al quebrar una de sus ramas la pulpa se ve compacta y jugosa.

## Sugerencia

Si desea se le puede agregar pechuga de pollo picada.

# Menestrón

(Elaboración mediana)
para seis personas

## Ingredientes

$^1/_2$ kilo de carne
1 choclo desgranado
$^1/_2$ taza de zanahoria, $^1/_2$ de nabo, $^1/_2$ de zapallito italiano, todo cortado en cuadritos
$^1/_2$ taza de arvejas
$^1/_2$ taza de vainitas picadas
$^1/_2$ taza de apio picado en trozos pequeños
$^1/_2$ taza de habas
$^1/_2$ taza de frijoles verdes
$^1/_2$ taza de poro picado chiquito
1 taza de col cortada a la juliana
1 taza de fideos canutos o coditos

**Salsa**

$^1/_2$ atado de albahaca
100 gramos de queso fresco
$^1/_4$ de taza de leche evaporada
$^1/_2$ taza de queso parmesano
2 cucharadas de aceite
Sal y pimienta

## Preparación

1. Poner tres litros de agua en una olla, agregar todas las verduras y echar sal.

2. Cuando las verduras estén a medio cocinar, agregar los fideos.
3. Licuar la albahaca, queso fresco, leche, aceite, sal y pimienta. Previamente pasar la albahaca por agua hirviendo.

4. Agregar la salsa a la sopa.
5. Servir y rociar con queso parmesano.

## Sugerencia

Agregar un pedazo de tocino sin mucha grasa.

# Parihuela

(Elaboración mediana)
para seis personas

## Ingredientes

- 1/4 de kilo de pescado
- 1/4 de kilo de camarones
- 1/4 de kilo de pulpo picado y precocido
- 2 cucharadas de ají amarillo molido
- 2 cucharadas de ají panca
- 1 cebolla picada
- 1 tomate pelado y picado
- 1 taza de vino blanco
- 12 tazas de caldo de pescado
- Comino, sal, pimienta, ajos
- 1 rama de cebolla china
- 1 cucharadita de kión rallado
- 1 rocoto en rodajas
- Yuyos, limón
- Canchita serrana

**Caldo**

- 1 cabeza de pescado
- 1 docena de choros
- 4 cangrejos
- 2 cucharadas de perejil

## Preparación

1. Hacer un caldo con la cabeza de pescado, los choros, los cangrejos y el perejil.
2. Hacer un aderezo y freír la cebolla con el ajo, el ají panca, el ají amarillo, el tomate, el comino y salpimentar. Dejar que dore.

3. Incorporar el vino y el caldo. Cuando rompa el hervor agregar el pescado. Dejar que se cocine unos 5 minutos con la olla tapada.
4. Añadir las conchas, los camarones y el pulpo y dejar cocinar unos 5 minutos.

   Verificar la sal y echar el kión y los yuyos.
5. Servir con rodajas de rocoto encima, limón y canchita frita.
6. Se adorna con los cangrejos, los choros en su valva y cebolla china picada encima.

## Sugerencia

Se puede espesar con un poco de chuño diluido en agua.

# Sancochado

(Elaboración mediana)
para seis personas

## Ingredientes

| | |
|---|---|
| 2 | kilos de carne ( pecho, malaya y/o cadera ) |
| 1 | col chica |
| 1 | kilo de zanahoria |
| 1 | kilo de papa |
| 1 | kilo de yuca |
| 1/2 | kilo de camote |
| 4 | choclos |
| 1 | nabo |
| 1 | kilo de habas |
| 1 | taza de arroz cocido |
| 1 | ramita de hierbabuena |

## Preparación

1. En una olla grande poner abundante agua, echar las carnes y espumar frecuentemente para limpiar el caldo.
2. Agregar las zanahorias, las habas y una ramita de hierbabuena. Dejar cocinar por 20 minutos.

   Añadir la col cortada en cuatro y retirarla cuando esté cocida, darle un pequeño baño de aceite.
3. Poner en la olla las papas, el nabo, los choclos en rodajas, los camotes, las yucas semicocidas y el arroz.

   Agregar sal y dejar que se cocinen todos los ingredientes.
4. Servir en cada plato una porción de carne y el caldo.
5. En otro plato extendido colocar las verduras, el camote, la papa y la yuca.
6. Acompañar con salsas: criolla, huacatay, ají molido, de queso, etc.

## Consejo práctico

La carne no debe lavarse bajo el chorro de agua porque se desangra y pierde valor nutritivo. Es mejor limpiarla con un paño húmedo.

## Sugerencia

Ir retirando las verduras conforme vayan cocinándose.

# Shambar

(Elaboración mediana)
para diez personas

## Ingredientes

| | |
|---|---|
| 1/2 | kilo de huesos de res |
| 1/2 | kilo de pellejón de chancho |
| 1 | kilo de chancho en trozos |
| 200 | gramos de frijoles verdes |
| 200 | gramos de lenteja bocona |
| 200 | gramos de habas |
| 500 | gramos de trigo shambar |
| 1 | ají mirasol seco |
| 100 | gramos de garbanzos |
| 100 | gramos de frijol panamito |
| | Perejil, hierbabuena |
| | Cebollita china |
| 200 | gramos de cancha serrana |
| 1 | rocoto |
| 100 | gramos de arvejas |
| 1 | cebolla |
| 1 | cucharadita de ajos |
| 3 | tomates |

### Consejo práctico

Aparte de su elevado contenido de hierro, las menestras proporcionan una buena cantidad de fibra y vitaminas del complejo B, esenciales para el sistema nervioso.

## Preparación

1. Poner a sancochar en abundante agua los huesos, el pellejón y el chancho en trozos.
2. Añadir los frijoles, la lenteja, las habas y el trigo.

   Agregar el ají mirasol entero y los garbanzos ya cocidos, la hierbabuena y la cebolla china picada.
3. Hacer un aderezo con la cebolla picadita, los ajos y los tomates picados y sin pepas.
4. Echar el aderezo al final, cuando ya estén todos los ingredientes cocidos y dejar que dé un hervor.

   Rectificar la sazón.
5. Servir como único plato acompañado con canchita serrena, rocoto picado, ají molido y arvejas cocidas.

# Sopa a la criolla

(Elaboración fácil)
para seis personas

## Ingredientes

- 1/2 kilo de carne molida
- 1 cebolla mediana cortada en cuadritos
- 2 cucharadas de pasta de tomate
- 1 cucharadita de ajos molidos
- 1 hoja de laurel
- 200 gramos de fideos cabello de ángel
- 1/4 de taza de aceite o mantequilla
- Sal, pimienta y orégano al gusto.

## Preparación

1. Freír la cebolla y ajos; una vez fritos, agregar la carne y freírla.
2. Agregar la pasta de tomate y condimentos e incorporar tres litros de agua.
3. Cuando rompa el hervor, agregar los fideos.
4. Una vez cocidos los fideos, servir.

# Sopa a la minuta

(Elaboración fácil)
para seis personas

## Ingredientes

- 1/2 kilo de carne cortada a la juliana
- 1 cebolla mediana cortada en cuadritos
- 1 cucharada de pasta de tomate
- 1 cucharadita de ajo molido
- 200 gramos de fideos cabello de ángel
- 6 huevos
- 6 tostadas
- 1 cucharadita de ají
- 1/4 de taza de aceite
- 1 lata grande de leche evaporada
- 1 hoja de laurel
- Sal, pimienta y orégano al gusto

## Preparación

1. Freír la cebolla, hoja de laurel, ajos y ají. Agregar la carne, salpimentarla y freírla.
2. Agregar la pasta de tomate y orégano.
3. Echar dos litros y medio de agua y cocinar la carne.
4. Una vez que la carne esté cocida agregar los fideos.
5. Cuando los fideos estén cocidos agregar la leche.
6. Adornar cada plato con una tostada y un huevo frito.

# Sopa de espinaca y zanahoria

(Elaboración fácil)
para seis personas

## Ingredientes

- 1/2 kilo de espinacas
- 1/2 kilo de zanahoria rallada
- 1 cebolla mediana cortada en cuadritos
- 1/4 de taza de hongos secos remojados en agua caliente
- 1/4 de taza de margarina
- 1/4 de cucharadita de nuez moscada
- 1/4 de cucharadita de ajo molido
- 2 litros de caldo de pollo o carne (o de cubito)
- 1 hoja de laurel
- 40 gramos de queso parmesano
- 2 papas fritas en cuadraditos
- 2 huevos batidos
- Sal y pimienta

### Sugerencia

Se puede reemplazar las papas fritas en cuadraditos por pan frito con mantequilla y ajo, o tostado al horno, igualmente en cuadraditos.

### Consejo práctico

Debe elegirse aquellas espinacas cuyas hojas estén verdes, firmes y tiernas.

## Preparación

1. En una olla freír la cebolla en la margarina. Agregar los hongos, hoja de laurel, ajos, pimienta y nuez moscada.
2. Cuando la cebolla esté frita, agregar la zanahoria y sofreírla.
3. Echar el caldo y hervir cinco minutos.
4. Agregar la espinaca cortada en juliana. Esperar un hervor, agregar los huevos batidos y sacar del fuego.
5. Servir la sopa y rociarla con las papas fritas y el queso parmesano.

# Sopa de frejoles

(Elaboración fácil)
para seis personas

## Ingredientes

2 tazas de frejol cocido sobrante
8 tazas de agua
1 zanahoria picada
1 trozo de apio picado
100 gramos de fideos entrefinos
1 cubito de carne
Sal al gusto

## Preparación

1. Hervir las verduras en el agua con un cubito de carne hasta que estén cocidas.
2. Agregar los fideos y cocinarlos.

3. Al final agregar los frejoles y dejar hervir.
4. Rectificar la sazón.

### Consejo práctico

Las menestras deben remojarse en agua fría por 12 horas para su ablandamiento y cocinarse en el agua de remojo.

### Sugerencia

Es una opción para cuando nos quedan frejoles del día anterior. Se puede utilizar fideos canuto.

# Sopa de lentejas

(ELABORACIÓN FÁCIL)
PARA SEIS PERSONAS

## Ingredientes

- 1 taza de lentejas
- 1 cucharadita de ajos
- 2 cucharadas de mantequilla
- 1 cubito de carne
- Sal al gusto

### SUGERENCIA

Cuando se sancochan las lentejas se cambia el agua porque amarga. Se le echa agua caliente para que no se pasme el cocimiento. Se puede servir con pan tostado: cortar el pan en cuadritos, freírlos o tostarlos al horno con mantequilla y ajos.

## PREPARACIÓN

1. Sancochar las lentejas, cambiar el agua del primer hervor y agregar agua caliente para que termine de cocinar.

2. Licuar lo suficiente para formar una crema más o menos espesa.

3. En una olla calentar la mantequilla y freír los ajos.

   Agregar la crema licuada, si es necesario agregar agua.
4. En media taza de agua hirviendo disolver el cubito de carne y agregar a la preparación, revolver y dejar unos minutos. Rectificar la sal.
5. Echar leche en espiral sobre la crema servida.

# Sopa de papa

(Elaboración fácil)
para seis personas

## Ingredientes

3 papas medianas
1 cebolla cortada en cuadritos
1 cucharada de aceite
1 cucharada de mantequilla
2 tiras de tocino
$^1/_2$ tomate pelado y cortado en cuadritos
1 hoja de laurel
1 cubito de caldo
1 cucharada de perejil picado
Sal y pimienta al gusto

## Preparación

1. Rallar las papas crudas.

2. Colocar el aceite y la mantequilla en una olla y freír la cebolla y el tocino.
3. Una vez frita la cebolla, echar el tomate, pimienta, hoja de laurel, cubito y 2 litros de agua. Cuando rompa el hervor agregar la papa rallada y sal.
4. Cuando la papa esté cocida, agregar el perejil picado y servir.

## Sugerencia

Cocinar *al dente*, evitando que la papa se desmenuce.
El cubito puede ser de res o de pollo.

# Sopa wantán

(Elaboración fácil)
para seis personas

## Ingredientes

Espinazo de pollo para hacer caldo
Verduras chinas: col, bok choy
Kión
Cebollita china
Pimiento rojo en tiras
Sal al gusto
Wantán crudo
1 cubito de pollo (opcional)

## Preparación

1. Hacer un caldo con el espinazo y los demás ingredientes.

2. Para cocinar los wantanes, hervir agua y colocarlos en la olla. Cuando salen a flote ya están listos.
3. Se puede comer con salsa de ostión y sillau.

## Consejo práctico

El tiempo de cocimiento de los wantanes es de aproximadamente diez minutos.

## Sugerencia

Hervir los wantanes aparte para que la sopa no tenga sabor a harina.

# Platos principales

# Adobo de chancho

(Elaboración mediana)
para seis personas

## Ingredientes

| | |
|---|---|
| 1 | kilo de lomo de chancho |
| 1 | taza de chicha de jora |
| 1 | cucharada de ajos |
| 1/2 | taza de ají panca |
| 1 | cucharadita de achiote |
| 1 | cucharadita de comino |
| 4 | cebollas medianas |
| 1 | kilo de camotes sancochados |
| | Sal y pimienta |

### Sugerencia

La chicha de jora se puede reemplazar por vinagre tinto.

## Preparación

1. Cortar la carne en trozos y ponerla a macerar con los ajos, el ají panca, el achiote y el comino. Dejar por lo menos 3 horas o de un día para otro.
2. Picar una cebolla en cuadraditos pequeños ($1^1/2$ taza) y hacer un aderezo con el aceite, la sal y la pimienta.

3. Freír en este aderezo la carne y una vez dorada dejar cocinar a fuego lento con el jugo de la maceración.
4. Picar a la pluma las 3 cebollas restantes y agregarlas cuando la carne esté medio cocida.

5. Si es necesario agregar un poco de chicha de jora. Servir con camotes sancochados y/o arroz blanco, yuca o papa.

# Adobo de pescado

(Elaboración fácil)
para seis personas

## Ingredientes

- 1 tollo mediano
- 1 cucharadita de comino
- 1 cucharadita de ajo molido
- 1/4 de cucharadita de orégano
- 1/2 taza de vinagre
- 1/4 de taza de aceite
- 1 cucharadita de ají colorado molido
- 2 cebollas en tajadas
- 6 papas blancas sancochadas
- Sal y pimienta al gusto

## Preparación

1. Cortar el pescado en trozos y poner en infusión por una hora con sal, pimienta, comino, ajo, orégano y vinagre.
2. Calentar el aceite, freir el ají y retirar.
3. Acomodar encima los trozos de pescado, la cebolla y el líquido de la infusión.
4. Tapar la olla y cocinar a fuego lento por unos minutos.
5. Servir con papa sancochada y arroz blanco.

## Sugerencia

El tiempo de cocción del pescado depende del grosor de los filetes.
Un tollo mediano se puede reemplazar por 1 kilo de filete de otro pescado.

# Ají de gallina

(Elaboración mediana)
para seis personas

## Ingredientes

1 gallina de 3 kilos o 2 pechugas
2 cebollas medianas
3 cucharadas de ají panca
3 cucharadas de ají mirasol
3 cucharadas de ají verde
1 taza de queso parmesano
2 cucharaditas de orégano
1 cucharada de ajos
1/2 taza de pecanas picadas
4 rebanadas de pan de molde
1 cucharada de comino
1/2 taza de queso fresco
1 lata de leche evaporada
1/2 taza de aceite
1 rama de apio
1 zanahoria
1 kilo de papas amarillas
Aceitunas de botija y huevos duros
Sal y pimienta

## Preparación

1. Sancochar la gallina en 6 u 8 tazas de agua o caldo de menudencia con apio y zanahoria por 30 minutos. Luego deshilacharla.

2. Remojar el pan con leche y luego licuarlo.
3. Freír con el aceite la cebolla, los ajos, los ajíes, la pimienta, el comino, el orégano y echar sal. Agregar un poco de caldo colado y el pan licuado. Cocinar por 15 minutos cuidando que no se seque.

4. Echar la gallina deshilachada, el queso parmesano y las pecanas tostadas.
5. Servir acompañado de papas amarillas sancochadas, huevos duros, aceitunas de botija y un pedacito de queso fresco.

# Ajiaco a la italiana

(Elaboración fácil)
para seis personas

## Ingredientes

| | |
|---|---|
| 1/2 | kilo de carne para lomo saltado |
| 4 | tomates |
| 3 | cebollas picadas finas |
| 130 | gramos de pasta de tomate |
| 1 | kilo de papa blanca en cuadritos |
| | Ajos, sal, pimienta |
| | Laurel, orégano |
| | Aceite |

## Preparación

1. Freír la carne en el aceite caliente.
2. Retirar la carne y freír la cebolla, el ajo, el tomate en cuadritos hasta que todo esté dorado.
3. Juntar las dos preparaciones anteriores y agregar agua hasta que las cubra.
4. Incorporar laurel, orégano, sal y pimienta, y cocinar hasta que la carne esté suave.
5. Al final agregar las papas. Una vez cocidas éstas, servir con arroz blanco.

## Consejo práctico

Una manera de evitar que la carne pierda el jugo al momento de cocinarla es sellándola previamente (freírla rápidamente por ambos lados) en aceite bien caliente.

# Ajiaco de papa

(Elaboración fácil)
para seis personas

## Ingredientes

1 kilo de papas blancas
2 cebollas picadas
150 gramos de queso fresco desmenuzado
1 cubito de caldo de carne
Aceite
Ajos, sal y pimienta
Ají verde molido al gusto
1 cucharadita de palillo
2 cucharadas de perejil picado
$^{1}/_{2}$ taza de leche evaporada (opcional)

## Sugerencia

El cubito debe agregarse al empezar a hervir el agua con las papas.
La leche debe agregarse junto con el queso.
Si desea una consistencia más arenosa, puede agregar dos papas amarillas picadas en cuadritos al momento de echar las otras papas.

## Preparación

1. Calentar el aceite y dorar la cebolla, los ajos, el ají, el palillo, la sal y la pimienta.
2. Cuando el aderezo esté listo, agregar las papas picadas en cuadritos y mezclar bien.

3. Echar agua hasta que cubra las papas, dejar hervir hasta que se cocinen.

4. Para bajar, agregar el queso y el perejil.
5. Servir con arroz graneado, y si desea plátano de la isla frito.

# Albóndigas de carne

(Elaboración mediana)
para seis personas

## Ingredientes

- 1 kilo de carne molida
- 2 cebollas grandes
- 3 huevos
- 1/2 kilo de tomate
- 1 cucharadita de orégano
- 1/2 vaso de vino tinto
- 2 rajas de pan
- 3 cucharadas de leche
- 1 cucharada de mantequilla

## Preparación

1. Sancochar los tomates y pasarlos por el colador.
2. Mezclar la carne molida con la leche, el pan y los huevos.
3. Hacer bolitas con la mezcla y luego dorarlas en mantequilla.
4. Retirar las albóndigas de la sartén y freír las cebollas, la salsa de tomate y el orégano.
5. Poner las albóndigas en una olla, agregar el vino y cocinar a fuego lento por 20 minutos aproximadamente. Acompañar con fideos.

## Sugerencia

Se puede reemplazar los tomates por tres cucharadas de pasta de tomate. Las albóndigas se pueden acompañar con puré, con arroz, o con una guarnición de legumbres.

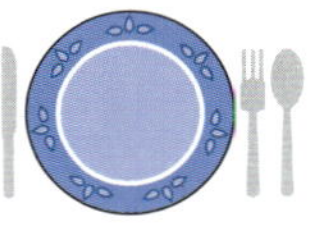

# Arroz a la jardinera

(Elaboración fácil)
para seis personas

## Ingredientes

- 1/2 kilo de salchicha
- 1/2 kilo de arvejitas
- 2 choclos
- 2 tomates
- 2 zanahorias
- 1 cucharadita de ajos
- 1 cebolla en cuadritos
- 2 1/2 tazas de arroz
- 2 1/2 tazas de agua
- 2 cubitos de verdura
- Aceite

## Preparación

1. Sancochar los tomates y luego colarlos. Freír las cebollas con el ajo, luego agregar el jugo de tomate.
2. Echar el agua, las verduras y los cubitos de verdura. Cuando la verdura esté casi cocida agregar el arroz.
3. Antes de retirar, poner las salchichas crudas cortadas en cruz y dejar calentar unos minutos.

## Sugerencia

Se puede reemplazar los tomates por 1 1/2 cucharada de pasta de tomate.

# Arroz árabe

(Elaboración mediana)
para seis a ocho personas

## Ingredientes

- $^3/_4$ de kilo de arroz
- $^1/_2$ taza de pasas
- 100 gramos de fideos cabello de ángel
- $^1/_2$ taza de aceite
- $^1/_2$ cucharadita de ajos
- $2^1/_2$ tazas de agua
- $^1/_2$ cucharadita de palillo
- $^1/_2$ cucharadita de curry
- Sal al gusto

## Preparación

1. Dorar el ajo y el curry. Agregar el agua. Cuando hierva el agua agregar el arroz lavado y el palillo.

2. En una sartén freír los fideos con el aceite y antes de que granee el arroz agregar el fideo frito y las pasas.
3. Mezclar y cocinar por 25 minutos aproximadamente.

## Sugerencia

Se puede colocar encima almendras tostadas para decorar. Se puede utilizar para acompañar lomo, asado, chancho y aves.

# Arroz chaufa

(Elaboración fácil)
para seis personas

## Ingredientes

2 tazas de arroz
$^{1}/_{4}$ de taza de sillau
1 docena de langostinos
100 gramos de chancho asado (cha siu)
Arvejitas cocidas
3 huevos
1 cebolla china picada
1 pedazo de kión

## Preparación

1. Hervir el arroz sin sal con el pedazo de kión. Cuando esté listo, pasarlo a una sartén grande a fuego medio con un poco de aceite.
2. Añadir el sillau y mezclar bien con el arroz.

3. Picar el chancho en cuadritos y añadir al arroz junto con las arvejitas y la tortilla cortada en tiritas. Al final añadir los langostinos hasta que se doren un poco y luzcan rojos.
4. Servir caliente.

## Sugerencia

Se le puede agregar pollo. Sancochar una pechuga y cortarla en cuadritos.

# Arroz chaufa de mariscos

(Elaboración laboriosa)
para seis personas

## Ingredientes

- 4 tazas de arroz
- 1/2 kilo de mixtura de mariscos
- 2 tazas de caldo
- 1 docena de choros
- Ajos, kión picado
- 1/2 atado de cebolla china
- 1/2 taza de sillau
- 3 huevos
- Aceite, sal y pimienta al gusto, sazonador
- 1 pimiento picado en tiras

### Sugerencia

Es mejor que el arroz no quede tan graneado, para lo cual se puede agregar 1 taza de caldo (de choros o de cabeza de pescado).

## Preparación

1. Preparar el arroz con dos tazas de caldo de choros y dos tazas de agua, ajo, aceite y una cucharadita de sal.

2. En una sartén freír los ajos, el kión, agregar los mariscos y freír unos minutos, agregar el sillau y media taza de agua. Cocinar unos diez minutos. Verter sobre el arroz cocido y revolver.

3. En la misma sartén agregar aceite y freír la cebolla china cortada en pedazos de 1 cm aproximadamente, verter sobre el arroz y revolver. Repetir la operación con el pimiento.

4. Con los huevos preparar tres tortillas, cortarlas en tiritas y agregarlas al arroz.
5. Añadir sillau al gusto y revolver hasta mezclar todo, verificar la sal y agregar sazonador.

# Arroz con alcachofas

(Elaboración mediana)
para seis personas

## Ingredientes

8 fondos de alcachofa
2 tazas de cebolla picada
2 chorizos
150 gramos de queso parmesano
3 cucharadas de aceite
3 tazas de arroz
1/3 de taza de mantequilla
3 tazas de agua de alcachofas
1 cubito
2 cucharaditas de ajos
Sal y pimienta
Alcachofas para decorar

**Salsa**

2 tazas de leche evaporada
3 cucharadas de harina
3 cucharadas de mantequilla
Nuez moscada, sal y pimienta

## Preparación

1. Cocinar los fondos de alcachofa con 4 tazas de agua. Reservar 3 de ellas.

2. Freír el chorizo con el aceite, retirar y picar menudo. En la misma grasa freír la cebolla, la mitad de las alcachofas y saltear.
   Luego agregar el chorizo.
3. Preparar el arroz con el agua de las alcachofas.
   Dorar el ajo con la mantequilla, agregar el cubito, luego el agua y cuando rompa el hervor el arroz.
4. Hacer una salsa blanca con la mantequilla, la harina y leche, aderezar con sal, pimienta y nuez moscada. Mezclarla a la alcachofa con chorizos.

5. Moldear el arroz y colocar en el medio el relleno.
   Luego cubrir con la salsa y espolvorear con queso parmesano.
6. Decorar con el resto de alcachofas cortadas en trozos.

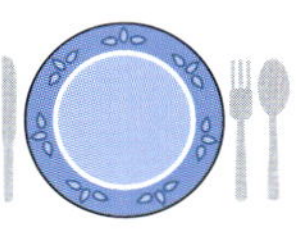

### Sugerencia

Se puede reemplazar el chorizo por tocino.

# Arroz con frejoles

(Elaboración fácil)
para seis personas

## Ingredientes

- 1/4 de kilo de frejoles negros (remojados desde el día anterior)
- 1 kilo de arroz
- 1/4 de kilo de tocino o cola de chancho
- 1 cebolla grande cortada en cuadritos
- 1 ají cortado a la juliana
- 1 cucharada de perejil picado
- 1 cucharada de culantro picado
- 1 cucharadita de ajos molidos
- 1/4 de taza de aceite
- Sal y pimienta al gusto

## Sugerencia

Acompañar con huevo y plátano frito.

## Preparación

1. Sancochar en un litro de agua los frejoles *al dente* con el tocino o cola de chancho.
2. Freír el ají y separarlo. En ese mismo aceite freír la cebolla, culantro, ajos y pimienta.

3. Agregarle el agua de los frejoles y completar hasta tener cinco tazas de agua.

4. Cuando el agua hierva, agregar el arroz y frejoles.
5. Una vez que ha secado el agua, agregar el perejil y ají revolviendo para que se mezclen con el arroz.

# Arroz con hongos

(Elaboración fácil)

para seis a ocho personas

## Ingredientes

$^3/_4$ de kilo de arroz

200 gramos de hongos

$^1/_3$ taza de vino tino

$^1/_2$ cebolla chica

$^1/_2$ cucharadita de ajos

2 cucharadas de mantequilla

2 tazas de agua

## Sugerencia

Para acompañar se puede utilizar lomo, asado o res.

## Preparación

1. Poner a remojar los hongos con el vino por 10 minutos y luego licuarlos.

2. Freír la cebolla con el ajo, luego agregar 2 tazas de agua. Cuando hierva el agua, agregar el arroz y cocinar por 25 minutos.
3. Antes de que el arroz se seque agregar los hongos.

# Arroz con mariscos

(Elaboración mediana)
para seis personas

## Ingredientes

| | |
|---|---|
| 100 | gramos de langostinos |
| 1 | docena de conchas |
| 1/2 | docena de almejas |
| 1 | docena de caracoles |
| 1/4 | de kilo de pulpo |
| 2 | calamares |
| 1 | kilo de arroz graneado |
| 1/4 | de taza de culantro |
| 3 | dientes de ajo |
| 1 | cebolla |
| 2 | tomates picados |
| 1/2 | taza de arvejas |
| 2 | cucharadas de ají panca |
| 2 | cucharadas de ají amarillo molido |
| 2 | cucharadas de pasta de tomate |
| 2 | limones |
| 50 | gramos de achiote |
| | Ají rojo y perejil al gusto |
| | Caldo de choros |
| | Sal y pimienta |

## Preparación

1. Pasar por agua hirviendo los langostinos y las conchas y luego colar.
2. Hacer un aderezo en la sartén con la cebolla picada, el ajo picado, agregar las arvejas crudas, los tomates picados sin semillas y media taza de caldo.
3. Cocinar a fuego lento y esperar que se cocinen bien las arvejas, agregarles ají panca, pasta de tomate y ají amarillo. Luego agregar los calamares, el pulpo, las almejas y los caracoles. Añadir sal y pimienta.

4. Freír el achiote en aceite y dejar unos minutos para que se pinte de rojo, luego colarlo.
   Agregar el aceite teñido.

5. Preparar el arroz blanco con el caldo y agregar a la preparación anterior. Añadir los choros cocidos y los langostinos y conchas.
6. Servir en una fuente con culantro encima, algunos choros en su valva, ají rojo picado, perejil picado, limón en rodajas alrededor.

# Arroz con pollo

(Elaboración mediana)
para seis personas

## Ingredientes

6 u 8 presas de pollo
1/2 kilo de arvejitas
2 zanahorias cortadas en cuadritos
1/2 taza de culantro
1 ají verde
1/2 kilo de arroz
2 1/2 tazas de caldo
1 cebolla picada en cuadritos
1 cucharadita de ajos
1 taza de cerveza
Sal y pimienta

## Sugerencia

Se puede acompañar con salsa criolla: cortar una cebolla a la pluma y aderezar con limón, aceite, sal, pimienta y ají en rodajas delgadas.

## Preparación

1. Condimentar el pollo con pimienta, ajos y sal.
2. Licuar el culantro con el ají y un poco de caldo de pollo.

3. Dorar el pollo y cuando esté dorado retirar. Agregar la cebolla y el culantro licuado.
4. Cuando esté cocida la cebolla agregar el caldo restante, el pollo dorado, las verduras y la cerveza.

5. Cuando hierva el agua sacar las presas ya cocidas y agregar el arroz.
6. Cuando el arroz está casi listo freír unas tiras de ají y colocar encima del arroz. Apagar el fuego y colocar las presas de pollo encima. Dejar tapado.

# Arroz con pollo al estilo oriental

(Elaboración fácil)
para seis personas

## Ingredientes

6 presas de pollo en trozos
3 salchichas chinas (lap choy) en rodajas delgadas
4 hongos chinos secos remojados en agua caliente
4 camaroncitos secos remojados en agua caliente
2 cebollitas chinas picadas
1 trozo de kión (una cucharadita molida para el pollo)
1 cucharadita de ajo molido
Canela china
Sal y pimienta blanca
6 cucharadas de sillau
2 tazas de arroz

## Preparación

1. Sazonar los trozos de pollo con la canela china, ajo molido, una cucharadita de kión molido, sillau oscuro y pimienta blanca. Dejar macerar.
2. Cortar los hongos en tiritas y las salchichas en rodajas.

3. Cocinar el arroz sin sal usando el agua donde se remojaron los hongos y camaroncitos secos más un trozo grande de kión restante. Cuando el arroz esté a medio cocer, agregar los trozos de pollo y tapar la olla hasta que éste se cocine.
4. Cuando ya esté listo, agregar cinco cucharadas de sillau hasta que todo el arroz se tiña y esté lo suficientemente salado.

### Consejo práctico

La diferencia entre la pimienta blanca y la negra es que ésta sabe más fuerte y la blanca es más aromática.

# Arroz festivo a la coca cola

(Elaboración fácil)
para seis personas

## Ingredientes

- 1/2 kilo de arroz
- 1/4 de taza de hongos secos
- 1/4 de taza de pasas
- 1/4 de taza de guindones
- 1/4 de taza de aceitunas verdes
- 50 gramos de tocino ahumado
- 1 cucharadita de ajos
- 1/2 pimiento
- 1 cubito de caldo
- 1 cucharadita de mostaza
- 1 taza de coca cola
- Aceite, mantequilla
- Sal

## Preparación

1. Remojar y licuar los hongos. Picar finamente los guindones, las aceitunas, el tocino y el pimiento.
2. Freír en aceite y mantequilla el ajo y el tocino ahumado hasta que dore. Luego agregar el arroz y freírlo hasta que quede transparente.
3. Agregar 1/2 taza de agua disuelta con el cubito más 1/2 taza de agua caliente, la coca cola y 1 cucharadita de sal al ras. Luego echar los hongos y la mostaza y dejar granear.
4. Agregar las pasas, el pimiento, las aceitunas y los guindones.
5. Servir caliente, acompañando platos de chancho, pollo o res.

# Arroz tapado

(Elaboración fácil)
para seis personas

## Ingredientes

6 tazas de arroz cocido
½ kilo de carne molida
2 huevos duros
1 cebolla mediana cortada en cuadritos
½ taza de pasas
1 cucharada de perejil picado
6 aceitunas
1 cucharadita de ajos molidos
Sal y pimienta al gusto

## Preparación

1. Freír la cebolla con los ajos.
2. Agregar la carne molida salpimentada y freírla.
3. Una vez frita, agregarle las pasas y perejil.

4. Poner en un recipiente media taza de arroz, echar el relleno de carne molida, un cuarto de huevo y una aceituna. Cubrir con media taza de arroz.

## Sugerencia

Acompañar con plátanos fritos.
Puede cubrirse con salsa blanca.

## Consejo práctico

La mejor manera de conservar las aceitunas es guardarlas en un recipiente hermético con una mezcla de agua, aceite y vinagre.

# Arroz verde con choclo

(Elaboración fácil)
para seis personas

## Ingredientes

4 tazas de arroz
4 choclos tiernos
1 cebolla picada en cuadritos
1/2 taza de perejil picado
1/2 taza de culantro picado
4 1/2 tazas de caldo de pescado
1 cucharadita de ajos
1/4 de taza de mantequilla
Sal y pimienta

## Preparación

1. Freír la cebolla en aceite, agregar el ajo, el perejil y el culantro picados muy fino.

2. Agregar el caldo de pescado, cuando hierva agregar el arroz.

3. Saltear el choclo cocido en mantequilla y agregar al final cuando el arroz ya está listo.

## Sugerencia

Se utiliza para acompañar platos con pescado.

## Consejo práctico

No dejar reposar el arroz en el agua en que se ha lavado, pues la absorbe y se vuelve una masa pegajosa. Tampoco hay que revolverlo mientras se cocina.

# Asado de carne

(ELABORACIÓN FÁCIL)
PARA SEIS PERSONAS

## Ingredientes

- 1 asado de pejerrey
- 1/2 vaso de vino tinto
- 1 cucharadita de ajos
- 2 zanahorias
- 2 cebollas
- 3 ramas de apio
- 3 tomates
- 1/2 cucharadita de romero
- Pimienta

## PREPARACIÓN

1. Macerar la carne por tres horas con vino, pimienta, ajos y romero.
2. Cortar las zanahorias y las cebollas a lo largo y los tomates en cuatro.
3. Dorar el asado en una sartén.
4. Ponerlo en una olla y echar las zanahorias, las cebollas, el apio, los tomates y el jugo donde se maceró.
5. Cocinar a fuego lento.

## SUGERENCIA

Si desea se puede introducir trozos de zanahoria o tocino. Hacer de 4 a 5 incisiones en la carne cruda con la punta de un cuchillo y luego introducir la zanahoria o el tocino.

# Bacalao a la norteña

(Elaboración mediana)
para seis personas

## Ingredientes

- 1 kilo de bacalao
- 1 cebolla
- 1 cucharadita de ajos
- 1 cucharadita de pimentón
- 2 tazas de agua
- 1 cubito al gusto
- 1/4 de kilo de tomate
- 1 cucharadita de orégano
- 2 cucharadas de pasta de tomate
- 1 pimiento morrón
- 6 papas amarillas
- Sal y pimienta

## Preparación

1. Remojar de un día para otro el bacalao, cambiándole de agua por lo menos tres veces.
2. Hervir el bacalao, escurrirlo y desmenuzarlo.
3. Hacer un aderezo con la cebolla cortada en rodajas delgadas, el ajo, el tomate pelado y sin pepas, el orégano, la pasta de tomate, el pimentón, la sal y la pimienta.

4. Agregar dos tazas de agua con el cubito y luego echar el bacalao. Dejar cocinar 20 minutos.
5. Agregar las papas crudas y tapar para que sude y se ablande.
6. Cuando ya esté listo echar un pimiento morrón cortado en tiras larguitas.

# Cabrito a la norteña

(Elaboración mediana)
para seis personas

## Ingredientes

1 kilo de cabrito en presas
Vinagre tinto
5 dientes de ajo
1 cucharadita de pimentón
1 cucharadita de comino
2 tazas de chicha de jora
1 taza de culantro
2 ajíes verdes
2 cebollas medianas
Sal y pimienta
Limón

## Preparación

1. Condimentar las presas con sal, pimienta, pimentón, comino, 3 dientes de ajo, vinagre y chicha de jora. Macerar 2 a 3 horas.

2. En una olla hacer un aderezo con la cebolla picada, 2 dientes de ajo y los ajíes.

   Incorporar el cabrito macerado, añadir el culantro licuado con un poco de agua.
3. Mezclar y rehogar por 20 minutos a fuego lento, añadir el líquido de la maceración cocinando por 5 minutos más.
4. Al final con el fuego apagado agregar el jugo de limón.
5. Servir acompañado con arroz.

## Consejo práctico

Es conveniente cocinar el cabrito a fuego muy lento porque su carne es de cocción muy rápida.

# Caiguas rellenas

(Elaboración mediana)
para seis personas

## Ingredientes

6 caiguas grandes
1/2 kilo de carne molida
2 huevos duros
6 aceitunas
50 gramos de pasas
1 cebolla grande picada en cuadritos
1 cucharada de pasta de tomate
1 cucharadita de ajo molido
1 cucharada de perejil picado
1 huevo batido
1 cucharada de harina
2 cucharadas de aceite
Sal y pimienta al gusto

## Preparación

1. Partir las caiguas en dos y limpiarlas por dentro.
2. Freír la cebolla con los ajos. Cuando estén fritos, separar dos cucharadas en un bol y agregarles la carne molida, pasas, perejil picado y salpimentar. Mezclar bien.

3. Rellenar las caiguas con la carne molida y colocarles un trozo de huevo duro y aceituna.

4. Al frito de cebolla y ajo restante, agregarle la pasta de tomate y una taza de agua, salpimentar.

5. Cuando el agua hierva, colocar las caiguas rellenas. Cuando las caiguas estén cocidas agregar la harina disuelta en media taza de agua.
6. Una vez cocida la harina añadir el huevo batido y apagar el fuego.

# Calamares estofados

(Elaboración mediana)
para seis personas

## Ingredientes

- 1/2 kilo de calamares
- 1 cucharadita de ajos molidos
- 4 tomates
- 1 cebolla
- 1 bolsita de hongos secos
- 1 vaso de vino tinto
- Perejil
- 130 gramos de pasta de tomate

### Sugerencia

Acompañar con arroz blanco, con fideos o con papa sancochada.

## Preparación

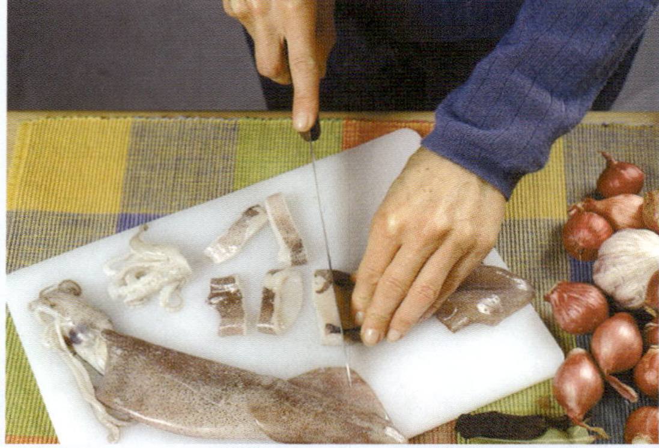

1. Limpiar los calamares y cortarlos en forma de aros.
2. Luego saltearlos con ajos.

3. Hacer un aderezo de cebolla, tomate, hongos licuados con vino y la pasta de tomate.

4. Juntar los calamares con el aderezo, mezclar bien y cocinar por 20 minutos.
5. Adornar con perejil.

# Canelones

(Elaboración laboriosa)
para seis personas

## Ingredientes

1 taza de queso parmesano
1 bola de mozzarella
$^{1}/_{2}$ kilo de pasta para canelones
$^{1}/_{2}$ kilo de queso ricotta
1 kilo de espinacas
Nuez moscada
Sal y pimienta
$1^{1}/_{2}$ taza de salsa blanca liviana

**Salsa de tomate**

10 tomates
Albahaca, romero, orégano
Sal y pimienta
Laurel y salvia

## Preparación

1. Sancochar las espinacas, cortarlas muy finas y exprimirlas.
2. Cortar la pasta en cuadrados de 10 x 10 cm cada uno. Cocinar la pasta, sacarla, ponerla en un tazón de agua fría y luego secarla.
3. Mezclar el queso ricotta con las espinacas, nuez moscada, sal, pimienta y queso parmesano.

4. Rellenar los canelones y poner sobre un pírex.

5. Encima ponerle una salsa de tomates liviana y queso mozzarella.

**Salsa de tomate**

1. Pelar los tomates, sacarles las pepas y reservar el jugo.
2. Ponerlos a cocinar con pimienta, orégano, salvia, romero y laurel.
3. Pasar por un colador y al final echar la sal y la albahaca picada finamente.
4. Llevar al horno moderado por 15 minutos más o menos.

# Carapulcra

(Elaboración laboriosa)
para seis personas

## Ingredientes

- 1/2 kilo de papa seca
- 1/2 kilo de carne de chancho, pollo o gallina
- 50 gramos de maní tostado y molido
- 1 cebolla grande picada en cuadritos
- 3 rosquitas de manteca (opcional)
- 2 clavos de olor
- 1 cucharada de ají panca molido
- 1/4 de vaso de vino dulce
- 1/4 de taza de aceite
- 1 cucharadita de ajo molido
- Sal, pimienta, comino al gusto

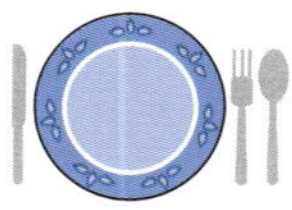

### Sugerencia

Acompañar con arroz blanco o yuca.

## Preparación

1. Tostar la papa seca. Una vez tostada remojarla en agua un rato para que hinche.
2. En el aceite, freír la cebolla, ajos, ají panca, clavos de olor, sal, pimienta y comino.
3. Trozar la carne y freírla en el aderezo.

4. Una vez frita la carne agregar dos tazas de agua y la papa seca tostada, remojada y escurrida.

5. Cocinar hasta que la papa esté blanda, agregar el maní tostado molido, las rosquitas y vino dulce.

# Carapulcra chinchana

(Elaboración laboriosa)
para seis personas

## Ingredientes

- 1/2 kilo de chancho
- 1 kilo de papa blanca sancochada
- 2 tiras de tocino
- 2 cucharadas de pasta de tomate
- 2 cucharadas de ají colorado
- 1 cebolla picadita
- Jugo de media naranja
- Maní molido al gusto
- Un chorrito de vino
- Sal, pimienta, comino y ajos

## Preparación

1. Macerar el chancho con el ají, los ajos, la pimienta, el comino y la sal por una hora.
2. En una sartén freír todo el preparado de la infusión.

3. En una olla dorar la cebolla, con los ajos, la sal, la pimienta, el comino, el ají colorado, la pasta de tomate, el maní y el tocino en cuadraditos.
4. Agregar la carne al aderezo, cubrir con agua suficiente para que cocine.

5. Cuando la carne esté suave echar la papa sancochada en cuadraditos. Revolver bien y agregar el jugo de naranja.
6. Luego de unos minutos agregar el vino y sacar del fuego.

# Cau cau

(Elaboración mediana)
para seis personas

## Ingredientes

- 1/2 kilo de mondongo cocido y cortado en cuadritos
- 1/2 kilo de papa
- 1 taza de cebolla picada en cuadritos
- 1 cucharadita de palillo
- 1 cucharada de perejil picado
- 1 cucharada de hierbabuena picada
- 1 cucharada de culantro picado
- 1 cucharada de ají molido
- 1 cucharadita de ajo molido
- 2 cucharadas de aceite
- Sal, pimienta y comino al gusto

## Sugerencia

Acompañar con camote sancochado y arroz graneado.
Se puede reemplazar el mondongo por pollo en trozos.

## Preparación

1. Cortar las papas en dados.

2. Freír la cebolla, ajo molido y ají. Cuando esté frita la cebolla, agregar el palillo, culantro picado, comino y pimienta.

3. Agregar media taza de agua o caldo de mondongo. Cuando rompa el hervor echar el mondongo y las papas cortadas en dados. Verificar la sal.
4. Antes de sacarlo del fuego, agregarle el perejil y la hierbabuena picada.

# Cau cau de conchas

(Elaboración fácil)
para seis personas

## Ingredientes

| | |
|---|---|
| 3 | cebollas picadas en cuadritos |
| 6 | ajíes verdes |
| 2 | cucharaditas de palillo |
| 1/2 | cucharadita de comino |
| 1/2 | kilo de conchas |
| 1 | kilo de papa blanca |
| 2 | tazas de caldo de pescado |
| | Ajos, sal, pimienta y aceite |

## Preparación

1. Sancochar la papa blanca y cortarla en cuadritos.
2. Freír las cebollas, el ajo, el comino, el palillo, la sal y la pimienta.

3. Añadir el ají verde licuado en media taza de agua.

4. Agregar el caldo y cuando rompa el hervor echar las papas.

5. Cuando espese echar las conchas y retirar.
6. Servir con arroz.

# Chancho con salsa de guindones

(Elaboración mediana)
para seis personas

## Ingredientes

- 1 enrollado de chancho de 2 kilos
- 3/4 de taza de jugo de naranja
- 3/4 de taza de jugo de limón
- 1/2 botella de cerveza
- 3 cucharadas de aceite
- 3 clavos de olor
- Orégano
- Ajos molidos y kión
- Canela molida
- Sal y pimienta

**Salsa**

- 1 1/2 taza de guindones
- 1 taza de vino tinto
- 2 tazas de azúcar
- 2 cucharaditas de canela molida
- 2 cucharaditas de mostaza

## Preparación

1. Poner en una vasija los jugos, la cerveza, el orégano, los ajos, el kión, el clavo de olor, la canela molida, la sal y la pimienta.

2. Dejar macerar la carne por 5 horas.
3. Meter la carne al horno a temperatura fuerte 400°F (200° C). A la mitad de la cocción cubrir la carne con papel platina y bajar la temperatura a 300° F ( 150° C). Hornear por una hora y media.

**Salsa**

1. Poner los guindones licuados en una olla con el vino, el azúcar, la canela y la mostaza.
2. Cocinar por 8 minutos. Retirar del fuego y bañar la carne con esta salsa.
3. Llevar al horno a gratinar.
4. Decorar con guindones enteros.

## Consejo práctico

Machacar bien el kión para que las fibras, al romperse, liberen todo su aroma y sabor.

# Chita frita al ajo

(Elaboración fácil)
para seis personas

## Ingredientes

1 chita fresca mediana
8 dientes de ajo picado finamente
50 gramos de mantequilla derretida
Tabasco
Sal y pimienta
Aceite
1 rama de perejil
Papas sancochadas

## Preparación

1. Sazonar la chita entera bien limpia con sal, pimienta y ajos. Hacerle unos cortes en el lomo.
2. Freír en abundante aceite bien caliente.
3. Mientras en otra sartén derretir la mantequilla y sofreír 2 dientes de ajo con unas gotas de tabasco.
4. Cuando la chita esté dorada y crocante sacarla de la sartén y ponerla en una fuente, verter la mantequilla derretida con el ajo y tabasco y perejil finamente picado.
5. Servir acompañada de papas o yucas sancochadas y arroz blanco.

## Consejo práctico

Los ajos proporcionan potasio, vitamina C, hierro y proteína vegetal. Pueden pelarse fácilmente si se introducen en agua caliente.

# Chuletas de cerdo glaseadas

(Elaboración mediana)
para seis personas

## Ingredientes

- 6 chuletas de cerdo
- 3 cucharadas de margarina
- 3 cucharadas de maicena
- 2 cucharadas de miel
- 1 cucharada de mostaza
- 1/2 taza de jugo de naranja
- 2 cucharadas de azúcar rubia
- 2 cucharadas de ketchup
- Jugo de limón
- Sal y pimienta

## Preparación

1. Sazonar las chuletas con sal y pimienta. Dorarlas en margarina y retirar.

2. Aflojar el fondo de la sartén donde se han dorado las chuletas con el jugo de naranja. Incorporar la miel, la mostaza, el ketchup y el azúcar. Espesar con la maicena.
3. Poner los brazuelos en la salsa. Dejar hervir, salseando a menudo hasta que estén bien glaseadas. Rectificar la sal y pimienta y agregar jugo de limón.
4. Acompañar con arroz o puré de camote.

## Consejo práctico

Si se advierten manchas marrones o amarillentas en la carne de cerdo, evitar comprarla porque será de mala calidad.

## Sugerencia

Se puede utilizar miel de abeja o miel de maíz.

Si la salsa está muy espesa, soltarla con jugo de naranja.

Si tarda en espesar, agregar más azúcar.

# Col rellena

(Elaboración mediana)
para seis personas

## Ingredientes

**Relleno**

| | |
|---|---|
| 1/4 | de kilo de carne molida |
| 2 | cucharadas de cebolla picada en cuadritos |
| 1 | cucharada de pasta de tomate |
| 1/2 | taza de arroz crudo |
| 6 | hojas de col |
| 1 | cucharada de perejil picado |
| | Sal y pimienta al gusto |

**Salsa**

| | |
|---|---|
| 1/2 | taza de aceite |
| 1 | cucharada de pasta de tomate |
| 1/4 | de taza de vino |
| 2 | cucharadas de jugo de limón |
| 1 | taza de caldo de carne |

### Sugerencia

Se puede reemplazar la carne molida por cordero en cuadritos.

## Preparación

1. Pasar por agua hervida las hojas de col.
2. Remojar el arroz por 10 minutos y colarlo.

3. En un tazón mezclar todos los ingredientes del relleno.

4. Colocar el relleno en cada hoja de col y envolverlo.

5. En una olla colocar todos los ingredientes de la salsa.
6. Colocar las coles dentro de la olla y cocinar a fuego lento por media hora.

# Coliflor gratinada

(Elaboración fácil)
para seis personas

## Ingredientes

- 1 coliflor sancochada *al dente*
- 3 tazas de salsa blanca
- 1 taza de mayonesa
- 1 cucharada de perejil picado
- Sal al gusto

## Preparación

1. Cortar la coliflor en trozos pequeños y sazonar con sal.
2. Engrasar una fuente o pírex resistente al horno y colocar en ella la coliflor.
3. Mezclar la salsa blanca con la mayonesa y cubrir la coliflor.
4. Gratinar en el horno hasta que dore.
5. Retirar del horno y rociar con perejil.

### Sugerencia

Se puede reemplazar la coliflor por brócoli.

### Consejo práctico

Para evitar el fuerte olor de la coliflor, cocinarla con un trozo de pan y un poco de leche.

# Estofado de carne de res

(Elaboración mediana)
para seis personas

## Ingredientes

- 1 kilo de carne para guiso
- 6 papas medianas amarillas sancochadas
- 3 cucharadas de pasta de tomate
- 1 taza de arvejas
- 1 zanahoria grande cortada en juliana
- 1/4 de taza de hongos secos remojados y cortados en trozos
- 1 cebolla
- 1/2 taza de pasas
- 1 hoja de laurel
- 1/4 de taza de aceite
- 1 cucharadita de ajos
- 1/2 vaso de vino tinto
- Sal, pimienta y orégano al gusto

### Sugerencia

Si desea, agregar romero, estragón, salvia o albahaca.
Acompañar con arroz blanco.

## Preparación

1. Cortar la cebolla a la pluma.

2. Trozar la carne, salpimentarla y dorarla.

3. Freír la cebolla, ajos, hongos, hoja de laurel, orégano y pasta de tomate.
4. Agregar la carne al aderezo y echarle dos tazas de agua.
5. Cuando la carne esté casi cocida agregar las arvejas y zanahoria.
6. Finalmente agregar el vino, las pasas y las papas.

# Estofado de cordero a la irlandesa

(Elaboración fácil)
para seis personas

## Ingredientes

- 2 kilos de cordero en trozos
- 2 cebollas medianas cortadas en seis partes
- 1 kilo de papa blanca
- 2 hojas de laurel
- 1 cucharadita de pimienta entera
- 2 tazas de agua
- Sal al gusto

### Consejo práctico

El cordero suele tener la carne tierna y suculenta, de manera que hay que cuidar que no se recocine, debiendo quedar jugosa por dentro.

### Preparación

1. Echarle sal a los trozos de carne y ponerlos a cocinar en dos tazas de agua con la cebolla, pimienta entera y hojas de laurel.

2. Cuando la carne esté a medio cocer, echar las papas peladas enteras.
3. Cuando esté listo, servir caliente.

# Fettuccinis a lo Alfredo

(Elaboración fácil)
para seis personas

## Ingredientes

700 gramos de fideos cinta
3/4 de litro de crema de leche
100 gramos de queso parmesano
Mantequilla
Sal, pimienta
Nuez moscada

## Preparación

1. Cocinar la pasta en abundante agua y dejar escurrir.

2. En una sartén grande derretir 1 cucharada de mantequilla y echar los fideos bien escurridos. Espolvorear sal, pimienta y nuez moscada al gusto.

3. Revolver bien la pasta y agregar queso parmesano sin dejar de mover.

   En seguida agregar la crema de leche.

4. Se conoce que la preparación está lista cuando la crema de leche se ha absorbido completamente. Al final agregar mantequilla al gusto.

## Sugerencia

Añadir jamón en cuadritos al final.

# Fideos al pesto

(Elaboración fácil)
para seis personas

1 kilo de fideos

**Salsa verde**

2 atados de albahaca
100 gramos de nueces
250 gramos de queso parmesano
Aceite de oliva
Aceite de cocina
Sal, pimienta, ajos

## Sugerencia

Se puede reemplazar las nueces por pecanas o piñones.

## Preparación

1. Sancochar los fideos y escurrir.
2. Licuar los ajos con la albahaca bien lavada y seca. Agregar las nueces previamente licuadas con un poco de aceite de cocina y aceite de oliva, sal y pimienta.
3. Al final agregar el queso parmesano.
4. Servir los fideos y encima echarles la salsa.

## Consejo práctico

Las nueces en general son ricas en proteínas, vitaminas, calcio, hierro y aceite. Es preferible guardarlas con cáscara en un lugar fresco para que su sabor no se altere.

# Fideos criollos

(Elaboración fácil)
para seis personas

## Ingredientes

1 kilo de fideos tornillos
1/2 kilo de carne molida
2 cebollas
1 ají verde en cuadraditos
1/2 atado de cebolla china
6 huevos
Ajos, sal, pimienta
Sillau al gusto

## Preparación

1. Sancochar los fideos y escurrir.
2. Hacer una tortilla con los huevos y cortar en cuadritos no muy pequeños.
3. Freír la cebolla cortada finamente, agregar el ajo, el ají, la sal, la pimienta y la cebolla china.

4. Freír la carne en el mismo aderezo.

5. Agregar la tortilla en cuadritos; al final echarle sillau al gusto.
6. Mezclar y servir.

## Sugerencia

Reemplazar la carne molida con salchichas, chorizos, hígado o corazón de pollo.

# Fideos gratinados

(Elaboración fácil)
para seis personas

## Ingredientes

- 1/2 kilo de fideos coditos
- 200 gramos de jamón inglés
- 1/2 taza de leche de tarro
- 1/2 taza de leche fresca
- 1/2 cucharadita de nuez moscada
- 2 cucharadas de queso parmesano
- 2 cucharadas de mantequilla
- 2 1/2 cucharadas de harina

## Preparación

1. Sancochar los fideos y escurrirlos.
2. Preparar una taza de salsa blanca con la leche de tarro, la leche fresca, la nuez moscada, el queso parmesano, la mantequilla y la harina.

3. Mezclar la salsa blanca con los fideos y el jamón.

4. Enmantequillar el molde y echar la mezcla. Rociar con queso parmesano.
5. Llevar al horno en 350° F (180° C) por 30 minutos hasta gratinar.

## Sugerencia

Se puede utilizar cualquier tipo de fideos; también se puede reemplazar el jamón por tocino, chorizo, jamonada, etc.

# Frejol dulce

(Elaboración mediana)
para seis personas

## Ingredientes

1 kilo de frejoles rojos
1/2 kilo de pechuga de pollo en trozos
1/2 kilo de chancho en trozos
100 gramos de cabanossi en rodajas
1/2 tapa de chancaca
1 cebolla grande cortada en cuadritos
1 cucharada de ají molido
1 cucharada de ajo molido
1/4 de kilo de salchicha italiana en rodajas
1 hoja de laurel
3 clavos de olor
1/4 de taza de aceite
1/2 taza de ketchup
Sal y pimienta al gusto

## Preparación

1. Remojar en la víspera los frejoles. Cocinarlos en agua.

2. Freír la cebolla, ajos, ají, clavo de olor, hoja de laurel, sal y pimienta.

3. Agregar el chancho, pollo, salchicha italiana y cabanossi.
4. Cuando las carnes estén a medio cocer, agregar los frejoles y la chancaca. Cuando la chancaca esté disuelta agregar el ketchup.

# Frejoles guisados

(Elaboración fácil)
para seis personas

## Ingredientes

500 gramos de frejol canario
1 cebolla picada
150 gramos de papada de chancho
Ajos, pimienta y sal
Comino y orégano
Ají colorado o ají mirasol

## Preparación

1. Remojar los frejoles el día anterior. Luego cocinar con la papada hasta que estén tiernos.
2. En una sartén, hacer el aderezo con la cebolla, ajos, ají, sal, pimienta, comino y orégano.

   Freír bien el aderezo y vaciar sobre los frejoles.

   Añadir un poquito de agua si es necesario.
3. Cocer a fuego lento por unos minutos. Rectificar la sal.
4. Servir con arroz blanco y salsa de cebollas.

## Sugerencia

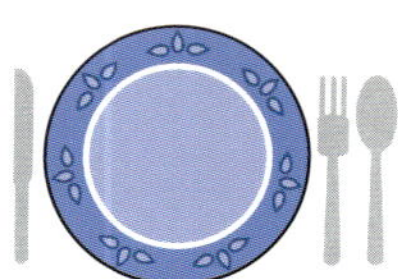

Se puede reemplazar la papada por un pedazo de costilla de cerdo o añadir tocino al aderezo.

Si desea cuando hierva el frejol agregar unos granitos de anís para facilitar la digestión.

Se puede utilizar frejoles negros eliminando el orégano.

# Frejolitos verdes

(Elaboración mediana)
para seis personas

## Ingredientes

- 1/2 kilo de frejolitos verdes
- 1/2 kilo de papas
- 1 cebolla picada
- 1 tomate picado
- 1 cucharada de ají panca molido
- 1/2 kilo de carne cortada en cuadritos
- Ajos, sal, pimienta, comino y perejil

## Sugerencia

La cáscara amarilla indica que los frejoles están maduros.

El ají panca se puede reemplazar por sazonador.

Al freír la carne hay que botar la espuma que se forma inicialmente.

## Preparación

1. Freír la carne, agregar la cebolla y el tomate picados, el ají panca, la sal, pimienta y comino.
2. Echar un poquito de agua. Agregar los frejolitos verdes, tapar la olla y dejar que sude unos minutos.
3. Luego echar agua suficiente para que se cocinen los frejolitos. Cuando están casi suaves agregar la papa en cuadritos.
4. Ya para bajar, echar el perejil picado.

# Frito trujillano

(Elaboración fácil)
para seis personas

## Ingredientes

- 2 kilos de costillas de chancho en trozos
- 1/2 taza de vinagre
- 1 cucharadita de ajos
- 2 cucharadas de ají panca molido
- 1 cucharada de pimentón
- 1/4 de cucharadita de comino
- Yuca

## Preparación

1. Adobar las costillas con vinagre, ajos, ají panca, pimentón y comino. Dejar de un día para otro.
2. Freír las costillas.
3. Poner en una olla la infusión donde se adobaron las costillas y darle un hervor.
4. Antes de servir poner la carne en la infusión y calentar.
5. Servir acompañada de yuca y salsa de cebolla.

## Consejo práctico

Para seleccionar las mejores yucas conviene observar que la cáscara no tenga rastros de moho y que la pulpa sea clara sin ninguna marca gris.

# Guiso de quinua

(Elaboración fácil)
para seis personas

## Ingredientes

- $^1/_2$ kilo de quinua sancochada
- $^1/_2$ kilo de carne de chancho, pollo o gallina
- 1 cebolla mediana
- 1 cucharada de ají panca
- 1 cucharada de perejil picado
- 1 cucharadita de ajo molido
- $^1/_4$ de taza de aceite
- Sal y pimienta al gusto

## Preparación

1. Freír la cebolla, ají panca y ajos. Una vez dorado el aderezo, agregar la carne. Si fuera chancho o gallina cocinarlo con una taza de agua. Salpimentar al gusto.
2. Cuando la carne esté a medio cocer agregar la quinua.
3. Una vez cocida la carne agregar el perejil picado.

## Consejo práctico

La mayoría de nuestros alimentos autóctonos, como la quinua y la kiwicha, constituyen una rica fuente de proteínas.

## Sugerencia

Se puede agregar 100 gramos de queso fresco y 50 gramos de maní tostado molido en reemplazo de la carne.

# Guiso de salchichas

(Elaboración fácil)
para seis personas

## Ingredientes

- 1 kilo de salchichas
- 1/4 kilo de arvejitas
- 3 choclos grandes
- 1/2 kilo de huevos
- 6 ajíes verdes licuados
- 6 papas blancas
- 3 cebollas grandes
- Aceite
- Ajo, sal, pimienta

## Preparación

1. Cortar las salchichas en rodajas y freír.
2. Retirar y freír la cebolla cortada finamente. Dorar bien y agregar el ajo y el ají licuado.

3. Hacer una tortilla con los huevos y cortar en cuadrados no muy pequeños.
4. Agregar un poco de agua y juntar las salchichas con el aderezo.
5. Luego echar las arvejitas, el choclo desgranado y la tortilla.

6. Freír las papas blancas cortadas en dados y mezclar con el guiso.
7. Servir acompañado con arroz.

## Sugerencia

Se puede reemplazar las salchichas por carne, pollo, hígado de pollo, etc.

# Hamburguesas rellenas

(Elaboración mediana)
para seis personas

## Ingredientes

- 1 kilo de carne molida
- 1/2 kilo de cebolla cortada a la pluma
- 1/4 de kilo de champiñones
- 6 rodajas de jamón
- 6 rodajas de queso Edam
- 1/2 taza de perejil picado
- 1 cucharada de pasta de tomate
- Sal y pimienta al gusto

## Preparación

1. Mezclar la carne molida con el perejil, sal y pimienta.
2. Dividir la carne en seis porciones.
3. Estirar con un rodillo cada porción de carne y formar círculos.

4. En el centro colocar una rodaja de jamón y otra de queso.
5. Cerrar doblando como una empanada.
6. Sofreírlas y colocarlas en pírex.
7. Sofreír la cebolla en mantequilla y agregar los champiñones y la pasta de tomate. Condimentar con sal y pimienta.
8. Cubrir las hamburguesas con esta salsa y llevarlas al horno por quince minutos para que se funda el queso.

## Sugerencia

La carne molida puede reemplazarse con filetes de pollo o de carne.

# Lasagna

(Elaboración laboriosa)
para seis personas

## Ingredientes

500 gramos de pasta para lasagna
Salsa bolognesa (ver receta en pág. 190)
300 gramos de queso mozzarella

**Salsa blanca**

4 cucharadas de mantequilla
2 cucharadas de harina
2 tazas de leche evaporada
Sal, pimienta y nuez moscada
Queso parmesano al gusto

## Sugerencia

Si la masa de lasagna está refrigerada poner al horno por 50 minutos. Para saber si está lista introducir un cuchillo que deberá salir bien caliente.

## Preparación

1. Cocinar una a una (sólo por 4 minutos) las láminas de pasta en agua con sal y dos cucharadas de aceite.

2. Sumergir las láminas en un tazón con agua fría y luego secarlas una por una.

3. Enmantequillar un molde y acomodar una capa de masa, salsa blanca y mozzarella en trozos.

4. Alternar con otra capa de masa y salsa de carne. Así sucesivamente hasta terminar con queso mozarella y rociar con queso parmesano.
5. Tapar con papel platina y llevar al horno a 350° F (180°C) por 20 minutos. Sacar el papel platina y dejar gratinar por 5 minutos aproximadamente.

**Salsa blanca**

Derretir la mantequilla y agregar la harina. Luego echar la leche caliente de a pocos, agregar sal, pimienta, nuez moscada y queso parmesano al gusto. Dejar espesar.

# Lengua en salsa de apio y nabo

(Elaboración fácil)
para seis personas

## Ingredientes

- 1 lengua de vaca
- 2 tazas de apio cortado a la juliana
- 2 tazas de nabo cortado a la juliana
- 50 gramos de mantequilla
- Sal y pimienta al gusto

### Sugerencia

Acompañar con puré de papas.

## Preparación

1. Lavar bien la lengua y sancocharla a medio cocer.

2. Pelar la lengua y freírla en la mantequilla. Una vez frita, cortarla en tajadas.

3. Añadir dos tazas de caldo, el apio y el nabo.
4. Cocinar hasta que las verduras estén listas. Si desea ligar la salsa agregar un poco de harina.

# Lentejas guisadas

(Elaboración fácil)
para seis personas

## Ingredientes

1 kilo de lentejas sancochadas
100 gramos de tocino o cabanossi o salchicha italiana
1 taza de cebolla picada en cuadritos
1/2 taza de pimiento cortado en cuadritos
1/2 taza de apio picado bien menudo
100 gramos de queso fresco
1 cucharada de perejil picado
2 cucharadas de aceite
1 cucharadita de ajos molidos
1/2 taza de ají cortado en cuadritos (opcional)
Sal y pimienta

## Preparación

1. Freír la cebolla, pimiento, apio, ají, ajos molidos, pimienta y tocino, cabanossi o salchicha italiana.
2. Agregar las lentejas sancochadas, cocinar por diez minutos, agregar el queso fresco en cuadritos. Verificar la sal y agregar el perejil.

### Consejo práctico

Una de las ventajas de las menestras es que se se pueden conservar por mucho tiempo, colocando sal refinada en los recipientes en que se guardan.

### Sugerencia

Servir con arroz graneado.

# Locro

(Elaboración fácil)
para seis personas

## Ingredientes

| | |
|---|---|
| 1 | kilo de zapallo |
| 3 | papas amarillas |
| 1 | papa blanca grande cortada en cuadritos |
| 1 | choclo |
| 1 | taza de arvejas |
| 1 | taza de cebolla picada en cuadritos |
| 1 | tomate picado |
| 100 | gramos de queso fresco picado en cuadritos |
| 1 | cucharadita de ajo molido |
| 1 | cucharada de perejil picado |
| 2 | cucharadas de aceite |
| | Sal, pimienta y comino al gusto |

## Preparación

1. Sancochar el zapallo con las papas amarillas en una taza de agua. Licuar una vez que esté todo cocido.
2. Freír la cebolla y ajos en el aceite, cuando esté frita la cebolla agregar el tomate picado y condimentos, menos la sal.
3. Agregar media taza de agua y cocinar el choclo, arvejas y papa blanca. Incorporar el zapallo y la papa licuada. Si está muy espeso echar un poco de agua.
4. Agregar el queso fresco y que dé un hervor. Luego echar la sal y por último el perejil.

## Sugerencia

Se le puede agregar camarones.
Se acompaña con arroz graneado.

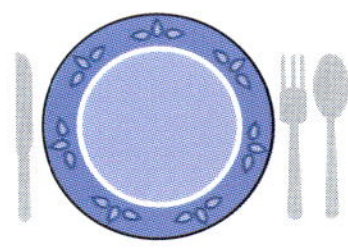

# Lomo con tocino

(ELABORACIÓN MEDIANA)
PARA SEIS PERSONAS

## Ingredientes

| | |
|---|---|
| 1 | kilo de lomo fino |
| 200 | gramos de tocino |
| 1/2 | vaso de vino tinto |
| 1 | cucharadita de salsa inglesa |
| 1/2 | cucharadita de pimienta |
| 1/2 | cucharadita de ajos |
| 1 | cucharada de harina |
| 1/2 | cucharadita de sal |
| 1 | cucharada de aceite de oliva |

## PREPARACIÓN

1. Sazonar la carne con la salsa inglesa, los ajos y la pimienta.
   Luego enrollar los tocinos y dejar macerar.

2. En una sartén freír los lomos y agregarles sal.
3. Mezclar el jugo que soltó la carne al freírse con el vino y la harina para hacer una salsa que se echa encima del lomo.

## SUGERENCIA

Servir con puré o legumbres o arroz.

## CONSEJO PRÁCTICO

Para intensificar el sabor de los platos en que se usa tocino, es conveniente emplearlo ahumado.

# Lomo saltado

(Elaboración mediana)
para seis personas

## Ingredientes

- $1^1/_2$ kilo de lomo
- $1^1/_2$ kilo de papa blanca
- 4 cebollas medianas
- 2 tomates grandes
- 1 ají verde
- 2 cucharadas de culantro
- 1 cucharada de ajos
- $^1/_4$ de taza de vino
- 3 cucharadas de sillau
- 1 cucharada de mantequilla
- Salsa inglesa
- Caldo de carne
- Comino
- Sal y pimienta
- Aceite

### Consejo práctico

Antes de freír alimentos que tengan alto contenido de almidón, como las papas, remójelos en agua salada por un rato.

## Preparación

1. Cortar la papa a lo largo, secarla bien y freír en abundante aceite.

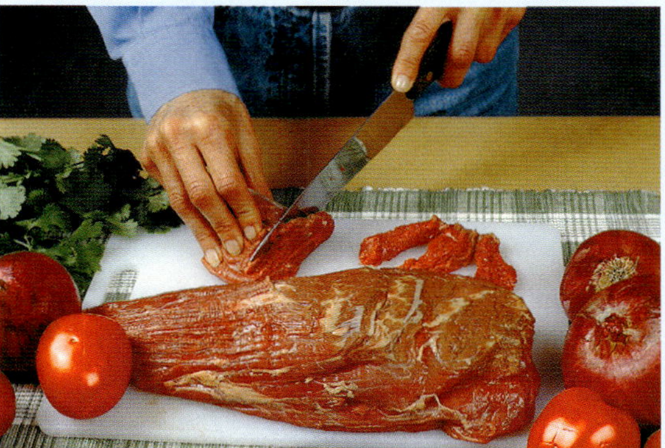

2. Cortar la carne en cuadrados de 2 cm aproximadamente, sazonar con sal, pimienta, comino, ajos y freír en aceite.

3. Cortar la cebolla a la pluma en láminas algo gruesas y freír en otra sartén hasta que estén un poco lacias, pero crocantes. Agregar el ají cortado en tiras delgadas.

4. Mezclar la cebolla con la carne y el jugo que suelta, añadir la salsa inglesa, los tomates cortados en cuartos sin semillas, el vino, el sillau y un poco de caldo.
5. Al final agregar la mantequilla y el culantro picado. Mezclar bien y servir acompañado de arroz.

# Lomo strogonoff

(Elaboración mediana)
para seis personas

## Ingredientes

1 kilo de lomo
50 gramos de mantequilla
1 1/2 taza de leche agria
1 cucharada de mostaza
1/2 cucharadita de páprika
200 gramos de champiñones
1 cebolla grande
1/2 taza de vino blanco
1 cucharadita de ajo
1 cucharadita de salsa inglesa
1 cucharada de perejil
1 cucharada de maicena
1/2 limón
Sal y pimienta

## Preparación

1. Saltear la cebolla picada en mantequilla, sazonarla con sal, pimienta, ajos y páprika. Luego licuarla con el vino.

2. Cortar la carne en trozos pequeños y freírlos con el resto de la mantequilla y aceite.
3. Agregar la cebolla licuada con el vino y unir las dos preparaciones.

4. Saltear los champiñones con mantequilla.

5. Echar la mostaza y cocinar unos 20 minutos. Espesar con la maicena disuelta en agua.
6. Agregar la salsa inglesa, el perejil picado, los champiñones, un chorrito de limón y la leche agria.
7. Servir acompañado de arroz blanco.

# Medallones de pescado en salsa de naranja

(Elaboración fácil)
para seis personas

## Ingredientes

6 medallones de pez espada
1 taza de aceite
1/2 taza de harina
Sal y pimienta

**Salsa**

2 tazas de leche
2 cucharadas de harina
1/2 taza de jugo de naranja
1 cucharada de ají
2 cucharadas de mantequilla
Sal, nuez moscada y pimienta al gusto

### Sugerencia

Puede llevarse al horno a gratinar.

## Preparación

1. Salpimentar y enharinar los medallones de pescado.
2. Freírlos en aceite bien caliente.

**Salsa**

1. Con la leche, harina, mantequilla, sal, nuez moscada y pimienta al gusto preparar una salsa blanca.
2. Cuando la salsa esté cocida, fuera del fuego agregarle el ají y el jugo de naranja.
3. Cubrir los medallones fritos con esta salsa y servir.

# Mollejitas a la trujillana

(Elaboración fácil)
para seis personas

## Ingredientes

| | |
|---|---|
| 1 | kilo de mollejas de pollo |
| 2 | cebollas medianas |
| 2 | ajíes verdes |
| 1/4 | de taza de azúcar |
| 1 | copa de sillau |
| 3 | dientes de ajo |
| 1 | cucharada de chuño |
| | Sal y pimienta |
| | Un chorrito de vinagre |
| | Yucas o choclo como guarnición |

## Preparación

1. Limpiar las mollejas, darles un pequeño hervor y luego cortarlas en trozos medianos.

2. Freír los ajos, la cebolla larga, la sal, pimienta y el ají en tiras. Añadir las mollejas y saltearlas.

3. Agregar una buena cantidad de sillau y el azúcar, dejar unos minutos.
4. Espesar con chuño diluido en agua fría.
5. Acompañar con yuca o choclo sancochado.

# Mondonguito a la italiana

(Elaboración mediana)
para seis personas

## Ingredientes

- 1/2 kilo de mondongo
- 1 taza de caldo del mondongo
- 1 cebolla grande cortada a la pluma
- 1 taza de zanahoria picada
- 1 taza de arvejas
- 1/4 de taza de hongos secos remojados
- 1 hoja de laurel
- 2 cucharadas de pasta de tomate
- 1 cucharada de perejil picado
- 1 cucharadita de ajos molidos
- 1 taza de vino blanco
- 50 gramos de queso parmesano
- 2 cucharadas de aceite
- 1 kilo de papa blanca
- Sal, pimienta y nuez moscada al gusto

### Sugerencia

Se puede agregar también albahaca picada.

## Preparación

1. Sancochar el mondongo y cortarlo a la juliana.

2. Freír la cebolla, ajos, hongos, hoja de laurel, sal, pimienta y nuez moscada.
3. Una vez frita la cebolla agregar la pasta de tomate, zanahoria, arvejas, caldo y mondongo.
4. Cuando estén cocidas las verduras agregar el vino y el perejil.

5. Freír las papas e incorporar antes de servir.
6. En cada plato rociar el queso parmesano.

# Musaca

(Elaboración laboriosa)
para seis personas

### Sugerencia

Puede colocar mozzarella entre las capas.

## Ingredientes

- 3 berenjenas
- 1 cebolla grande cortada en cuadritos
- 3/4 de kilo de carne molida
- 1/2 taza de champiñones picados
- 2 1/2 tazas de caldo
- 2 cucharadas de pimentón
- 2 dientes de ajo molido
- 4 cucharadas de pasta de tomate
- 2 tazas de yogurt natural
- 2 huevos
- 1 1/2 taza de queso parmesano rallado
- Sal y pimienta al gusto

## Preparación

1. Cortar las berenjenas en forma transversal en lonjas de 1 cm de ancho, colocarlas en una fuente engrasada y llevarlas al horno a que se doren.
2. Aparte, freír la cebolla y ajos. Agregar la carne molida hasta que se dore ligeramente, agregar el pimentón, pasta de tomate, champiñones, caldo y pimienta. Cocinar por un cuarto de hora.
3. Engrasar un molde, poner una capa de berenjenas y otra de la salsa previamente preparada hasta completar 3/4 del molde.
4. Mezclar el yogurt con los huevos y el queso rallado y cubrir el molde con esta mezcla.
5. Gratinar en el horno.

# Niños envueltos

(Elaboración mediana)
para seis personas

## Ingredientes

- 6 bistecs
- 3 rajas de tocino
- 3 huevos
- 1 taza de arvejas cocidas
- 1 taza de zanahoria cortada en juliana y cocida
- 1 taza de cebolla cortada en cuadritos
- 1 cucharada de pasta de tomate
- 1 hoja de laurel
- 1/2 taza de aceite
- 1 taza de vino (opcional)
- 1 cucharada de albahaca picada
- Sal y pimienta al gusto

## Preparación

1. Con cada huevo preparar una tortilla y dividirla en dos.
2. Estirar los bistecs y salpimentarlos, colocar media tortilla y media raja de tocino encima, ponerle un poco de arvejas y zanahorias.

3. Enrollar los bistecs y sujetar con mondadientes para que no se desenvuelvan.

4. Dorar los bistec enrollados.
5. Hacer un aderezo con la cebolla, ajos, pasta de tomate, hoja de laurel, sal y pimienta.

6. Agregarle una taza de agua y colocar los bistecs enrollados. Agregar el vino.
7. Cocinar a fuego lento hasta que los bistecs estén cocidos. Antes de apagar el fuego, agregar la albahaca.

# Olluquitos con charqui

(Elaboración laboriosa)
para seis personas

## Ingredientes

- 1 kilo de ollucos
- 1/4 de kilo de charqui deshilachado
- 1 cebolla grande picada en cuadritos
- 1 cucharada de ajos molido
- 2 cucharadas de ají panca
- 1/4 de taza de aceite
- 1 cucharada de perejil
- 6 camotes chicos
- Sal, pimienta y comino al gusto

## Sugerencia

Se puede reemplazar el charqui por medio kilo de carne molida.

## Preparación

1. Picar los ollucos a la juliana.
2. Tostar el charqui deshilachado y luego remojarlo.

3. Freír la cebolla, ajos, ají, pimienta y comino.

4. Agregar el charqui y freírlo.
5. Echar los ollucos y cocinarlos a fuego lento. Si el guiso está muy seco agregarle un poco de agua.
6. Cuando ya esté todo cocido verificar la sal y agregar el perejil picado. Acompañar con camotes sancochados.

# Osobuco en salsa de tomate

(Elaboración mediana)
para seis personas

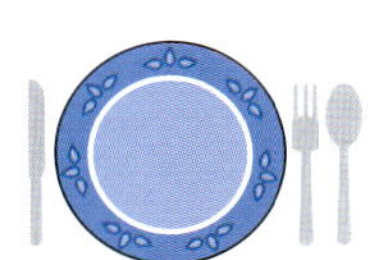

## Sugerencia

Se puede servir con arroz, con fideos o con polenta.

## Ingredientes

| | |
|---|---|
| 6 | trozos de osobuco |
| 2 | cebollas picadas en cuadritos |
| 1 | kilo de tomate |
| 1/2 | cucharadita de pimienta |
| 1 | cucharadita de ajos |
| 1/2 | cucharadita de romero |
| 1/2 | taza de vino tinto |
| | Aceite |
| | Sal al gusto |

## Preparación

1. Macerar las carnes con sal, pimienta, romero y vino.
2. Sancochar los tomates y luego pasarlos por el colador.

3. Freír los osobucos, luego retirar.

4. En la misma sartén freír las cebollas, el jugo de tomate y echar un chorrito de vino.

5. Sobre ese aderezo poner la carne y luego agregar el jugo donde se maceró. Tapar y dejar a fuego moderado hasta que esté cocida la carne.

# Pansotti en salsa de champiñones

(Elaboración fácil)
para seis personas

## Ingredientes

| | |
|---|---|
| 1 | kilo de pansotti |
| 1/2 | kilo de champiñones |
| 1 | cucharada de perejil picado |
| 1 | cucharada de ajo picado |
| 2 | cucharadas de mantequilla |
| 3/4 | de litro de crema de leche |
| | Sal y pimienta |

## Preparación

1. Saltear los champiñones en mantequilla cortados en láminas no muy delgadas con el ajo y el perejil. Salpimentar al gusto.
2. Cuando los champiñones han botado su jugo, agregar la crema de leche y calentar unos minutos para reducir.
3. Servir con la pasta previamente hervida y escurrida.

## Sugerencia

Se puede utilizar como piqueo con tostaditas sin agregar la crema de leche.
Se puede preparar con cualquier tipo de pasta.

# Pansotti en salsa de pecanas

(Elaboración fácil)
para seis personas

## Preparación

1. Licuar las pecanas, agregar aceite, la leche evaporada, las hojitas de albahaca y los ajos.
2. Hervir la pasta *al dente* y escurrir.
3. Servir y encima echarle la salsa.

## Ingredientes

| | |
|---|---|
| 1 | kilo de pansotti |
| 1 | taza de pecanas |
| 1 | taza de aceite de cocina |
| 1 | taza de leche evaporada |
| 4 | hojitas de albahaca |
| 2 | dientes de ajo |

## Sugerencia

Si la salsa está muy seca añadir leche fresca o el agua caliente de la pasta.

Se puede reemplazar los pansotti por fideos u otra pasta.

## Consejo práctico

*Al dente* significa el punto de cocción de pastas cuando no están aún completamente blandas, es decir cuando presentan cierta resistencia al diente.

# Papa rellena

(Elaboración laboriosa)
para seis personas

## Ingredientes

1 kilo de papa blanca
400 gramos de carne molida
2 huevos duros
1 cebolla mediana
1 diente de ajo
50 gramos de pasas
50 gramos de aceitunas
1 cucharada de perejil
1 taza de aceite
1 taza de harina sin preparar
Sal y pimienta al gusto

## Preparación

1. Sancochar la papa y pasarla por el prensapapas.
2. Freír la cebolla y ajo en dos cucharadas de aceite.
3. Agregar la carne molida al sofrito y echarle sal y pimienta.
4. Una vez cocida la carne, agregar las pasas y perejil.

5. Amasar la papa y agregarle sal, dividirla en aproximadamente 8 porciones.
6. Estirar cada porción y rellenar con la carne, un pedazo de huevo y aceituna. Cerrarla y pasarla por harina.
7. Freírla en aceite bien caliente.

## Sugerencia

Acompañar con salsa criolla.

Se le puede dar más consistencia a la papa mezclándola con un poco de yuca sancochada y machucada.

Si la papa está muy arenosa puede pasarla por huevo batido antes de freír.

# Pastel de carne molida y tocino

(Elaboración mediana)
para seis personas

## Ingredientes

- 300 gramos de tocino especial
- 1/2 kilo de carne molida especial
- 1 taza de cebolla picada en cuadritos
- 1/2 taza de ají verde cortado en cuadritos
- 1/2 taza de pimiento morrón picado en cuadritos
- 1 taza de arvejas cocidas
- 1 taza de champiñones picados
- 1 cucharada de mostaza y una de ketchup
- 2 huevos
- 1/2 taza de queso parmesano
- 1/2 taza de aceitunas verdes o de botija
- 1/2 taza de pasas
- 1/2 taza de leche
- 1/2 taza de perejil picado
- 1 cucharada de sillau
- 2 cucharadas de pisco
- 1 cucharadita de ajos molidos
- 2 cucharadas de aceite o mantequilla
- Sal, pimienta, nuez moscada y orégano al gusto

## Preparación

1. Freír la cebolla, ajos y champiñones en el aceite o mantequilla.

2. En un bol, mezclar el aderezo con todos los ingredientes menos el tocino. Verificar la sal tomando en cuenta este último ingrediente.

3. Forrar un molde alargado con el tocino. Vaciar encima la mezcla anterior.

4. Llevar al horno hasta que la carne esté cocida.
5. Antes de desmoldar, sacar el jugo y reservarlo.
6. Desmoldar y ligar el jugo con una cucharadita de harina.

# Patita con maní

(Elaboración fácil)
para seis personas

## Ingredientes

- 1/2 kilo de patita de vaca
- 1 cebolla picada en cuadraditos
- 2 cucharadas de ají colorado
- 1 taza de caldo
- 50 gramos de maní tostado
- 3/4 de kilo de papa
- Aceite
- Sal, pimienta y ajos

### Sugerencia

Puede comprarse la patita precocida y se procede de la misma forma.
Si el guiso se seca mucho agregar agua en la cantidad necesaria.

## Preparación

1. Sancochar la patita y cortarla en cuadritos.
2. Hacer un aderezo con ajos, cebolla, ají colorado, sal y pimienta, y freír bien.

3. Agregar el caldo de la patita, la patita y el maní diluido en un poquito de agua.

4. Dejar cocer unos momentos, agregar las papas y dejar cocinar.
5. Servir con arroz blanco.

# Pato con ají

(Elaboración fácil)
para seis personas

## Ingredientes

- 1 pato de 3 kilos
- 50 gramos de ají panca
- 100 gramos de ají mirasol
- 1/2 kilo de cebolla
- 1 cucharada de ajo molido
- 1 cucharada de comino
- 1 taza de cerveza
- Sal y pimienta

## Preparación

1. Macerar las presas del pato por una o dos horas con la cerveza, un poquito de ajo, comino y pimienta.
2. Freír la cebolla en cuadraditos con el ajo, el comino y el ají panca y mirasol molidos.
3. Poner las presas maceradas en una olla con el aderezo encima y dejar cocinar a fuego lento por 30 minutos.
4. Luego agregar la cerveza donde se maceró y dejar cocinar hasta que el pato esté cocido.
5. Servir con yuca sancochada.

# Pechugas de pollo rellenas

(Elaboración laboriosa)
para seis personas

## Ingredientes

2 pechugas de pollo
300 gramos de jamón inglés
1/4 de kilo de espinaca
3 cucharadas de mantequilla
1 cucharadita de harina
1/2 vaso de vino blanco
1/2 taza de caldo de pollo
Pimienta y sal al gusto

## Preparación

1. Cortar las pechugas de pollo por la mitad y filetearlas por el medio.
2. Sazonar con sal y pimienta.
3. Rellenar con tres hojitas de espinaca cocida y una tajada de jamón.

4. Luego enrollar cada pechuga y sujetarla con palitos de dientes para que no se desenrolle.
5. Calentar la sartén, agregarle mantequilla y dorar los enrollados.
6. Echar el vino hasta que se evapore, luego agregar la harina disuelta en el caldo de pollo y dejar cocinar por 20 minutos.

## Sugerencia

Acompañar con puré de papas y arroz. Se puede rellenar con tocino, queso o champiñones fritos en mantequilla con una cucharadita de harina.

# Pepián de pavo

(Elaboración mediana)
para seis personas

## Ingredientes

- 6 choclos
- 1/2 kilo de pechuga de pavo en trozos
- 1 cebolla grande picada en cuadritos
- 1/2 taza de aceite
- 1 cucharadita de ajos molidos
- Ají mirasol, sal, comino y pimienta al gusto

## Sugerencia

En vez de pavo se puede usar chancho, gallina o pollo.

## Preparación

1. Licuar los choclos (media taza de agua por choclo).

2. Freír la cebolla, ajos, ají mirasol, sal, comino y pimienta.
3. Sofreír los trozos de pechuga en el aderezo y cubrirlos con agua.

4. Cuando hierva el agua, agregar el choclo licuado.
5. Cocinar hasta que espese y esté cocido el choclo. Si es necesario puede agregarse agua hasta que éste cocine bien.

# Pescado a la chorrillana

(Elaboración fácil)
para seis personas

## Ingredientes

- 6 filetes de pescado
- 1/2 kilo de cebolla cortada a la pluma
- 1 ají cortado a la juliana
- 2 tomates cortados en cuadritos
- 1 cucharadita de ajos molidos
- 1 cucharada de perejil picado
- 1/4 de taza de vinagre o jugo de limón
- 1/2 taza de harina
- 1 taza de aceite
- Sal, pimienta, comino y orégano al gusto

## Preparación

1. Enharinar y salpimentar los filetes de pescado.
2. Freírlos en aceite bien caliente.
3. Freír la cebolla, ajo molido y ají en dos cucharadas de aceite. Cuando esté frita la cebolla agregar el tomate y condimentar. Cuando el tomate esté a medio cocer, echar el vinagre o jugo de limón y perejil picado.
4. Cubrir los filetes con esta salsa.

## Sugerencia

Acompañar con arroz blanco.
Se puede reemplazar el pescado por bistec o hígado de res.

# Pescado a la florentina

(Elaboración mediana)
para seis personas

## Ingredientes

6 u 8 filetes de pescado
3 limones
1/2 kilo de espinacas
1/2 taza de vino blanco
1/2 taza de caldo de pescado
3 cucharadas de queso parmesano
2 1/2 cucharadas de harina
2 cucharadas de mantequilla
Sal y pimienta

## Sugerencia

Se puede agregar champiñones cortados delgados mezclados con la salsa blanca.

Se puede usar filetes de corvina, ojo de uva o tollo de leche.

## Preparación

1. Macerar el pescado con limón, vino blanco, sal y pimienta por una hora. Luego ponerlo al horno suave por unos cinco minutos. Separar el jugo que bota.

2. Hacer una salsa blanca con la harina, mantequilla y caldo de pescado.
3. Sancochar la espinaca y escurrirla bien. Picarla bien chiquita y mezclarla con la salsa blanca.

4. Enmantequillar un molde y colocar los trozos de pescado, incorporar la espinaca con la salsa blanca.
5. Echarle encima queso parmesano y llevar el horno a gratinar por 25 minutos a 350° F (180° C).

# Pescado a lo macho

(Elaboración mediana)
para seis personas

## Ingredientes

6 u 8 filetes de pescado
1 docena de conchas
1/4 de kilo de langostinos
1 docena de almejas
1 docena de machas
1 docena de caracoles
1/2 kilo de calamares
1/2 kilo de pulpo
1/2 taza de vino blanco
50 gramos de chuño
2 cebollas grandes
4 tomates
1 cucharada de ajo molido
1 atado de perejil
1 atado de culantro
Ají verde al gusto
50 gramos de achiote en polvo
Sal y pimienta
1 kilo de papas sancochadas
3 limones

## Preparación

1. Freír en una sartén con aceite el achiote con el ajo molido, la cebolla en cuadraditos, el tomate pelado y picado sin semillas, salpimentar.

2. Ir agregando los mariscos de acuerdo a su textura: primero los caracoles, luego el pulpo, las almejas, los calamares, las machas, las conchas y los langostinos.
3. Incorporar el vino, el ají picadito, el perejil y el culantro picados. Se agrega el chuño diluido en un poquito de agua fría para espesar la salsa.

4. En una sartén freír el pescado previamente enharinado y condimentado con sal y pimienta.
5. Servir la salsa de mariscos encima del filete de pescado frito y acompañar con arroz blanco y papas blancas sancochadas.

## Consejo práctico

La denominación "a lo macho" se refiere a la salsa picante de mariscos que acompaña a ciertos platos.

# Pescado agridulce

(Elaboración mediana)
para seis personas

## Ingredientes

1 kilo de filete de pescado cortado en trozos
1 pimiento cortado a la juliana
100 gramos de ho lan tau (arveja china)
1 ají cortado a la juliana
1 taza de cebolla china cortada en trozos de 5 centímetros
2 cucharadas de ketchup
2 cucharadas de chuño
2 cucharadas de vinagre
1/4 de taza de azúcar
1 cucharadita de kión picado bien menudo
1 cucharada de aceite de ajonjolí
1/2 taza de aceite
1/2 taza de harina
Sal y pimienta

## Preparación

1. Salpimentar y enharinar los trozos de pescado.
2. Freírlos en aceite caliente.

**Salsa**

1. Poner a cocinar dos tazas de agua con el ketchup y kión. Cuando rompa el hervor, agregar el chuño disuelto en media taza de agua.
2. Una vez que la salsa ha espesado agregarle el azúcar y el vinagre.
3. Agregar el ho lan tau, pimiento y ají. Dar un hervor.
4. Apagar y agregar la cebolla china y aceite de ajonjolí.
5. Cubrir los trozos de pescado frito con esta salsa.

## Consejo práctico

Para escamar el pescado con facilidad, ponerlo primero bajo agua caliente y después pasarlo por agua fría.

# Pescado en papilote

(Elaboración fácil)
para seis personas

## Ingredientes

| | |
|---|---|
| 6 | filetes de pescado |
| 2 | papas cortadas en rodajas |
| 1 | cebolla grande cortada en aros |
| 1 | zanahoria rallada |
| 50 | gramos de mantequilla |
| | Queso parmesano |
| 1 | chorrito de aceite |
| | Sal y pimienta |
| | Orégano restregado o un ramito de hierbas finas |
| 6 | hojas de papel aluminio |

## Sugerencia

El papel aluminio debe ser del tamaño necesario para envolver los filetes.

Se puede reemplazar las zanahorias y la cebolla por tomate, poro, albahaca, etc.

## Preparación

1. En cada hoja de papel aluminio colocar la papa cortada en rodajas, luego la zanahoria rallada y la cebolla en aros.

2. Acomodar encima el filete de pescado condimentado con sal y pimienta.
3. Añadir el ramito de hierbas finas, el queso parmesano, un chorrito de aceite y la mantequilla.

4. Cerrar los costados y la parte de arriba del papel.

5. Llevar al horno a 350°F (180°C) precalentado por 20 minutos.

# Picante de mariscos

(Elaboración fácil)
para seis personas

## Ingredientes

250 gramos de mixtura de mariscos
2 cucharadas de ají colorado molido
2 panes franceses
1/2 tarro de leche evaporada
50 gramos de queso parmesano
1 taza de caldo de pescado
1 cebolla picada
50 gramos de aceitunas
2 huevos duros
10 papas amarillas
Ajos, sal, pimienta, comino al gusto.

## Sugerencia

Si no tiene caldo de pescado se puede reemplazar con caldo de choros o agua. El pan remojado se puede licuar.

## Preparación

1. Lavar los mariscos, sazonarlos con sal y pimienta y dejarlos reposar.
2. Aparte remojar los panes en la leche y desmenuzarlos bien.

3. Hacer en una olla un aderezo con la cebolla, los ajos, el ají molido, la sal, la pimienta y el comino.

4. Una vez bien frito el aderezo agregar el pan remojado y dejar cocinar un poquito, luego agregar los mariscos y el caldo de pescado que se va echando conforme vaya espesando. Mover constantemente.
5. Añadir el queso rallado y seguir moviendo por unos minutos hasta que la mezcla tenga consistencia. Rectificar la sal.
6. Servir con papas en rodajas y decorar con huevo duro y aceitunas.

# Polenta

(Elaboración mediana)
para seis personas

## Ingredientes

½ kilo de polenta
1 litro de leche
1 cubito de caldo de pollo
1 litro de agua
2 cucharadas de aceite o mantequilla

**Salsa**

6 tiras de tocino
1 kilo de pechuga de pollo
2 cebollas picadas
1 diente de ajo
1 lata de pasta de tomate (250 gramos)
½ taza de aceitunas picadas
1 ají cortado en tiritas
1 cucharada de azúcar
1 cucharada de albahaca picada
1 taza de mozzarella
½ taza de queso parmesano
Sal y pimienta al gusto

## Preparación

**Salsa**

1. Sofreír el tocino hasta que suelte grasa. En esa grasa freír la cebolla, ajos y ají. Agregar el pollo y sofreírlo.
2. Agregarle la pasta de tomate, sal, pimienta y azúcar.
3. Incorporar el pollo ligeramente dorado.
4. Cuando el pollo se haya cocinado agregar la albahaca y las aceitunas.

**Polenta**

1. En una olla, poner un litro de agua, el cubito, la leche, sal y aceite o mantequilla. Cuando comience a hervir dejar caer la polenta en forma de lluvia sin dejar de mover.

2. Una vez que la polenta esté cocida, engrasar un pírex y verter la mitad de la polenta, colocar la mozzarella y cubrir con el resto de la polenta.
3. Cubrir con la salsa y el queso parmesano.

# Pollo a la king

(Elaboración mediana)
para seis personas

## Ingredientes

- 1 kilo de pechugas
- 1 poro
- 1 zanahoria
- 1 rama de apio
- 1 cebolla
- 1 taza de leche
- 125 gramos de margarina
- 3 tazas de caldo de pollo
- 3/4 de taza de harina
- 1 cebolla blanca
- 1 lata de pimientos morrones
- 1/4 de kilo de champiñones
- 1/2 cucharadita de nuez moscada
- Sal y pimienta
- Clavo de olor

## Preparación

1. Sancochar las pechugas en agua con el poro, la zanahoria, el apio y la cebolla. Separar tres tazas de caldo y cortar las pechugas en daditos.
2. Preparar una salsa blanca con la margarina, la harina, el caldo y la leche.

3. Colocar una cebolla blanca entera incrustada con tres clavos de olor y sazonar con sal, pimienta y nuez moscada.

4. Saltear los champiñones con mantequilla.
5. Agregar el pollo a la salsa blanca, luego los champiñones y los pimientos picados.
6. Acompañar con arroz blanco.

## Sugerencia

Si se reemplaza la leche de tarro por crema de leche, la salsa blanca queda más suave. Puede usarse champiñones enlatados y ya no se necesita saltearlos.

# Pollo a la naranja

(Elaboración mediana)
para seis personas

## Preparación

1. Cortar las naranjas en rodajas.
2. Dorar los trozos de pollo con la mantequilla. Sacar el pollo y dorar las cebollas.

3. Agregar nuevamente el pollo junto a las cebollas, los ajos, el perejil, el jugo de naranja y los demás ingredientes.
4. Dejar cocinar por 30 minutos.
5. Acompañar con arroz.

## Ingredientes

4 naranjas dulces (de mesa)
6 u 8 presas de pollo
3 cucharadas de mantequilla
2 cebollas picadas finas
3 dientes de ajo picados fijos
1 cucharadita de nuez moscada
1 cucharadita de pimienta molida
1 cucharadita de canela molida
1 cucharadita de kión molido
1 cucharadita de palillo
1 cucharadita de perejil picado fino
2 1/2 tazas de jugo de naranja
1/2 taza de azúcar

## Sugerencia

Para decorar los trozos de pollo cortar tiras muy finitas de la cáscara de naranja, habiéndole sacado la parte blanca y pasado por la sartén con azúcar derretida.

# Pollo al comino

(Elaboración fácil)
para seis personas

## Ingredientes

3 pechugas
1 taza de caldo de pollo
100 gramos de mantequilla
Sal y pimienta
Jugo de dos limones

**Salsa**

2 cucharaditas de comino en polvo
2 cucharaditas de comino entero
1 cucharada de maicena
1 taza de crema de leche
Mantequilla y sal

## Preparación

1. Sazonar el pollo con la sal, pimienta y jugo de limón.
2. Dorar el pollo en mantequilla con un poquito de aceite y bajar el fuego.

3. Agregar el caldo y cocer durante 10 minutos. Cuando el pollo esté cocido, retirarlo.

**Salsa**

1. Añadir al caldo la maicena, la mantequilla, el comino y la sal.
2. Cocinar la salsa a fuego lento. Al final agregar la crema de leche.
3. Acompañar con papa y arroz blanco.

## Consejo práctico

El caldo de pollo quedará de mejor sabor si se cocina con media cebolla.

# Pollo al curry

(Elaboración mediana)
para seis personas

## Ingredientes

- 3 pechugas de pollo
- 2 tomates
- 1 taza de crema de leche
- 3 cucharaditas de curry en polvo
- 50 gramos de mantequilla
- 2 cebollas medianas
- 3 manzanas verdes grandes
- 1/2 taza de caldo de pollo
- Agua de un coco
- Salvia, orégano
- 1 rama de canela
- 1 pizca de azúcar
- Sal y pimienta
- Aceite

## Sugerencia

El agua de coco se puede reemplazar por una taza de caldo de pollo.
La crema de leche se puede reemplazar por leche evaporada.
Si queda muy suelto espesar con un poco de harina disuelta en agua fría.

## Preparación

1. Cortar las pechugas en trozos pequeños y freír ligeramente en mantequilla con aceite y luego retirar.
2. En la misma olla freír la cebolla picada en cuadraditos con la salvia, el orégano, la canela.
3. Incorporar los tomates picados sin cáscaras ni semillas, el pollo y el curry.

4. Agregar las manzanas ralladas y saltear.

5. Añadir el agua de coco y el caldo de pollo, cocinar a fuego lento 15 minutos aproximadamente.
6. Antes de servir agregar la crema de leche y el jugo de limón si es necesario, dependiendo del ácido de las manzanas.
7. Servir con arroz graneado y acompañar con 4 de los siguientes acompañantes en tazones pequeños para servirse según el gusto.

**Acompañantes**

- Coco rallado seco
- Cebollita china picada
- Pasas y maní tostado
- Cebollitas blancas en conserva
- Plátanos fritos en rodajitas
- Almendras o nueces picadas
- Huevo duro finamente picado
- Tocino frito picado
- Mango Chutney (salsa hindú) picado

# Pollo al huacatay

(Elaboración fácil)
para seis personas

## Ingredientes

- 6 presas de pollo
- 2 limones
- 2 dientes de ajo
- 1/2 taza de hojas de huacatay
- 3 ajíes verdes sin pepas
- 1 taza de cerveza
- 1 taza de agua
- Sal y pimienta

## Preparación

1. Poner el pollo en infusión con el jugo de limón, los ajos, la sal y la pimienta y dejar macerar por una hora.

2. Licuar las hojas de huacatay con los ajíes y la cerveza.

3. En una olla poner el huacatay con el agua y agregar las presas de pollo.
4. Dejar cocinar 15 minutos más o menos.

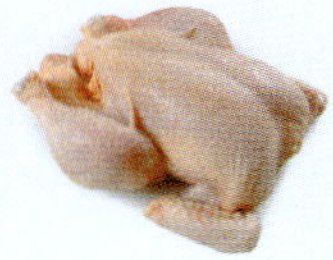

## Consejo práctico

La mejor forma de descongelar un pollo es hacerlo lentamente dentro de la refrigeradora. La descongelación rápida estropea la textura de la carne y, aunque se use la mejor receta, el pollo resultará seco.

# Pollo al paté

(Elaboración mediana)
para seis personas

## Ingredientes

- 2 pechugas de pollo
- 1 cucharadita de mostaza
- 200 gramos de paté de hígado de pollo
- 1 taza de vino blanco
- 1/2 taza de crema de leche
- 1/2 taza de mantequilla
- 4 tazas de caldo
- 1 raja de canela
- Sal y pimienta

### Sugerencia

Se puede reemplazar las 2 pechugas por 6 presas de pollo.

La crema de leche se puede reemplazar por leche de tarro.

Se puede echar esta salsa encima de los fideos con el pollo desmenuzado.

## Preparación

1. Cocinar el pollo sin piel con el caldo y una raja de canela por 10 minutos.

2. Dorar el pollo en mantequilla.

3. Colocar el vino y el paté en la misma sartén donde se doró el pollo. Agregar sal, pimienta, mostaza y al final la crema de leche.

4. Colocar el pollo en la sartén con la salsa y dejar que dé un hervor.
5. Servir acompañado con fideos o arroz blanco.

# Pollo cocido en leche a la portuguesa

(Elaboración fácil)
para seis personas

## Ingredientes

- 6 presas de pollo
- 2 cucharadas de mostaza
- 3/4 de lata de leche evaporada
- 50 gramos de mantequilla
- Salsa inglesa
- Sal y pimienta blanca

## Preparación

1. Lavar, sacar la piel y deshuesar las presas de pollo. Salpimentar y acomodar en un recipiente refractario enmantequillado.
2. Embadurnar por encima con mostaza y trocitos de mantequilla, rociar con la leche evaporada y gotas de salsa inglesa.
3. Tapar y refrigerar hasta el día siguiente.
4. Hornear a 350° F (180° C) por 1 hora bañando las presas de vez en cuando con la leche del recipiente hasta que queden un poco doradas cuidando que no se sequen.
5. Servir inmediatamente.

## Consejo práctico

Para estar bien asado, un pollo regular necesita de cincuenta minutos a una hora en horno caliente.

La salsa inglesa agrega a las comidas un sabor muy particular por su contenido de especerías y vinagre.

# Pollo con guindones

(Elaboración laboriosa)
para seis personas

## Ingredientes

6 u 8 presas de pollo
3/4 de taza de caldo de pollo
2 cebollas en cuadritos
100 gramos de guindones
100 gramos de almendras
2 cucharadas de mantequilla
1/2 cucharadita de pimienta
1 limón
1/2 cucharadita de palillo
1 cucharadita de canela
2 cucharadas de miel de abeja
1 cucharadita de ajonjolí
Sal al gusto

## Preparación

1. Sazonar las presas de pollo con sal, pimienta y limón.
2. Dorar las presas de pollo en una olla con mantequilla. Cuando el pollo esté dorado hay que sacarlo.
3. Añadir a la olla la cebolla picada, el palillo disuelto en agua o caldo de pollo y la canela.

4. Agregar nuevamente el pollo y darle vueltas para que se coloree bien.
5. Completar el caldo de pollo y tapar la olla para que se cocine a fuego lento.

6. Cuando ya esté casi cocido el pollo, agregar los guindones y la miel.

7. Freír en una sartén seca el ajonjolí y las almendras, y agregar al final.

# Pollo en salsa de champiñones

(Elaboración mediana)
para seis personas

## Ingredientes

- 6 presas de pollo
- 2 tazas de champiñones cortados delgados
- 1/4 de litro de crema de leche
- 1 cebolla picada en cuadraditos
- 2 cucharadas de mantequilla
- 1/2 cucharadita de ajos
- 1/2 vaso de vino
- 1 taza de caldo
- Sal y pimienta

## Preparación

1. Condimentar el pollo con sal, pimienta y ajos.
2. Dorar el pollo con la mantequilla. Sacar el pollo y dorar la cebolla.
3. Agregar nuevamente el pollo junto a la cebolla y el vino hasta que se evapore.
4. Añadir el caldo y cuando el pollo esté casi cocido bajar el fuego y agregar la crema de leche y los champiñones.

## Sugerencia

La crema de leche se echa cuando el pollo ya está cocido y sólo se calienta para que mantenga la consistencia.
Si no hay crema de leche se puede usar 1 taza de leche evaporada.

# Pollo en salsa de maní

(Elaboración fácil)
para seis personas

## Ingredientes

- 6 presas de pollo
- 2 cucharadas de ají colorado molido
- 1 cebolla picada en cuadritos
- 1 cucharadita de ajos molidos
- 150 gramos de maní tostado molido
- 2 tazas de agua
- 8 papas cocidas

## Preparación

1. Condimentar las presas de pollo y dorar ligeramente.
2. Hacer un aderezo con la cebolla, los ajos y el ají colorado. Colocar las presas de pollo y añadir 2 tazas de agua.

3. Cocer a fuego moderado durante 20 minutos.
4. Añadir el maní molido. Continuar la cocción a fuego suave hasta que se forme una salsa.
5. Servir con arroz blanco y papas sancochadas.

## Sugerencia

El maní se diluye en un poquito de agua para agregarlo a la olla.
Si se seca mucho la salsa se puede agregar un poquito de agua.

# Pollo en salsa de pecanas

(Elaboración mediana)
para seis personas

## Ingredientes

6 u 8 presas de pollo
1 taza de pecanas
1/2 taza de leche
1 cebolla picada
2 cucharadas de mantequilla
1/2 taza de caldo de pollo
1/2 cucharadita de ajos
Sal y pimienta al gusto

## Preparación

1. Condimentar los trozos de pollo con sal, pimienta y ajos.
2. Dorar el pollo con la mantequilla. Retirarlo y agregar la cebolla. Volver a poner el pollo y agregar la taza de caldo.

3. Licuar las pecanas con la leche.
4. Antes de que estén cocidos los trozos de pollo, agregar la salsa de pecanas y dejar cocinar por 15 minutos.
5. Acompañar con arroz y puré.

### Consejo práctico

Para evitar que el sabor de las pecanas se altere conviene guardarlas en un lugar fresco.

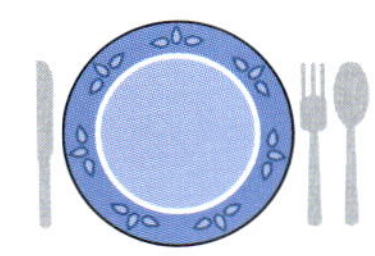

### Sugerencia

Las pecanas se pueden reemplazar por nueces.

# Pollo relleno deshuesado

(Elaboración laboriosa)
para seis personas

## Ingredientes

| | |
|---|---|
| 1 | pollo de 1.5 kilos |
| 3/4 | de kilo de carne molida de pollo o chancho |
| 100 | gramos de tocino no muy grasoso |
| 1 | taza de caldo de pollo |
| 1/2 | taza de arvejas |
| 1 | cebolla mediana cortada en cuadritos |
| 1/2 | taza de pimiento cortado en cuadritos |
| 1/2 | taza de aceitunas, 1/2 taza de pecanas y 1/2 taza de champiñones picados |
| 2 | huevos duros |
| 1 | cucharada de mantequilla |
| | Romero, salvia, estragón o cualquier hierba fina (opcional) |
| | Sal y pimienta al gusto |

### Sugerencia

Se puede agregar pasas u otras verduras para darle colorido.

## Preparación

1. Deshuesar con un cuchillo filudo el pollo, comenzando por la rabadilla.

2. Coser con hilo la abertura del cuello y salpimentar el pollo por dentro.
3. Freír en la mantequilla la cebolla y tocino. Cuando la cebolla esté frita, agregar los champiñones cortados. Ponerlos en un bol y agregar el resto de los ingredientes menos el caldo de pollo y huevos duros.

4. Mezclar bien todos los ingredientes y sazonarlos.

5. Al rellenar el pollo poner un huevo duro entero a la altura de la pechuga y el otro a la altura de la entrepierna.
6. Coser la abertura y salpimentar el pollo por fuera.
7. Poner el pollo en una fuente, engrasarlo ligeramente y agregar el caldo de pollo.
8. Hornear el pollo a temperatura mediana por 45 minutos. De rato en rato hincar el pollo para que bote líquido, evitando romper la piel.
9. Cortar con cuchillo eléctrico cuando el pollo este frío o tibio.

# Pulpo al olivo

(Elaboración fácil)
para seis personas

## Ingredientes

| | |
|---|---|
| $1\frac{1}{2}$ | kilo de pulpo |
| $\frac{1}{2}$ | cebolla chica |
| 100 | gramos de aceitunas de botija |
| $1\frac{1}{2}$ | taza de mayonesa |
| 1 | kilo de yuca |

## Preparación

1. Poner a hervir un litro y medio de agua, cuando rompa el hervor agregar la cebolla y el pulpo.

2. Sancochar por 20 minutos aproximadamente. Hincar el pulpo para ver si está blando y cortarlo en rodajas.

3. Moler las aceitunas y mezclar con la mayonesa.

4. Cubrir el pulpo con la salsa de aceituna y acompañarlo con yuca sancochada o frita.

# Ravioles en salsa bolognesa

(Elaboración laboriosa)
para seis personas

## Ingredientes

1 kilo de ravioles
1 kilo de cebolla
Aceite de cocina
2 cucharadas de ajo picado
2 zanahorias ralladas
1 kilo de tomates picados y sin pepas (guardar el jugo)
100 gramos de hongos secos
1 vaso de vino
Sal y pimienta
250 gramos de pasta de tomate
1 ramito de hierbas (salvia, romero, laurel y perejil)
2 cubitos de carne
1/2 kilo de carne molida
1 cucharadita de ajos picados
3 cucharadas de perejil picado
2 cucharadas de mantequilla
1/2 cebolla picada

## Preparación

1. Calentar el aceite y freír la cebolla y los ajos hasta que estén transparentes.

2. Incorporar el tomate, la zanahoria rallada, la sal, el jugo de tomate, el ramito de hierbas, la pasta de tomate, los hongos remojados y licuados con vino, los cubitos y dejar hervir por 30 minutos. Luego licuar.

3. Poner a derretir en una olla la mantequilla y dorar media cebolla picada hasta que esté transparente. Agregar los ajos, el perejil y la carne molida. Cocinar unos minutos.

4. Mezclar las dos preparaciones y hervir por 5 minutos. Con esta salsa servir la pasta previamente hervida y escurrida.

# Riñones al vino

(Elaboración mediana)
para seis personas

## Ingredientes

- 2 riñones de res
- 1 cebolla grande cortada a la pluma
- 1 tomate cortado en rajas
- 1 cucharadita de ajo molido
- 1 vaso de vino tinto
- 1/2 taza de aceite
- Orégano, sal y pimienta al gusto

## Preparación

1. Cortar los riñones en cubos.
2. Ponerlos en una coladera en abundante sal por media hora.
3. Después lavarlos bien y escurrirlos.

4. Freír la cebolla, ajos, sal y pimienta. Una vez frita la cebolla agregar el tomate y riñones.

5. Cuando los riñones estén a medio cocer echarles vino.
6. Una vez listos servir inmediatamente.

## Consejo práctico

El riñón es un alimento antianémico, rico en hierro, vitaminas y con bajo contenido de grasas.

## Sugerencia

Acompañar con rodajas de papa sancochada.

# Risotto de verduras

(Elaboración fácil)
para seis personas

## Ingredientes

- 4 tazas de caldo de pollo
- 1/2 taza de arvejitas
- 1/2 taza de zanahoria picada
- 1 taza de brócoli
- 1 taza de vino
- 1 taza de queso parmesano
- 1 cebolla picada en cuadritos pequeños
- 1 cucharadita de ajos
- 3 cucharadas de mantequilla
- 2 cucharaditas de azafrán
- 1 taza de arroz

## Sugerencia

Se puede agregar champiñones o trozos de pollo al mismo tiempo que se echa el brócoli.

## Preparación

1. Poner 1 cucharada de mantequilla en una olla y freír la cebolla, agregar el azafrán y los ajos. Luego echar el caldo.

2. Agregar el arroz, las arvejitas, las zanahorias y el vino.

3. Cuando esté todo cocido agregar el brócoli.

4. Al final se le agrega el resto de la mantequilla y el queso parmesano.

# Rollo de carne relleno

(Elaboración fácil)
para seis personas

## Ingredientes

1 kilo de carne molida
1 taza de leche
1 taza de pan rallado
1 huevo
Sal y pimienta
Nuez moscada

**Relleno**

1 kilo de espinacas
1 cucharada de margarina
2 huevos crudos
200 gramos de tocino
200 gramos de chorizo
1 taza de cebolla picada
4 huevos duros

## Preparación

1. Mezclar en un tazón la carne, el pan rallado, la leche, el huevo, la sal, la pimienta y la nuez moscada. Unir bien y dejar reposar mientras se prepara el relleno.

**Relleno**

1. Picar las espinacas menuditas.
2. Freír en la margarina la cebolla, el tocino picado, el chorizo sin piel, rehogar las espinacas y luego agregar los huevos crudos fuera del fuego.
3. Extender la preparación de la carne sobre un papel manteca engrasado en forma rectangular. Colocar encima el relleno poniendo al filo los huevos duros enteros.

4. Presionar ligeramente y enrollar la mezcla ayudándose con el papel manteca.

5. Llevar al horno a 350° F (180° C) por 40 o 50 minutos.
6. Como guarnición se puede acompañar con zanahorias enanas salteadas con 2 cucharadas de mantequilla, 4 cucharadas de azúcar y canela en polvo.

## Sugerencia

Los huevos duros del relleno se pueden reemplazar por 10 huevitos de codorniz.

# Seco de carne

(Elaboración fácil)
para seis personas

## Ingredientes

- 1/2 kilo de carne de guiso
- 1/2 kilo de papa blanca
- 1 zanahoria grande picada en cuadritos
- 1/2 taza de arvejas
- 1/2 taza de culantro molido
- 1/2 cebolla picada en cuadritos
- 1/2 cucharadita de palillo
- Ajos, sal, pimienta y comino
- Aceite

## Preparación

1. Picar la carne en trozos de 3 cm aproximadamente o a su gusto. Sazonarla con sal y pimienta.
2. Freír la carne en aceite caliente y luego retirarla.
3. En ese aceite freír la cebolla, los ajos, el comino, la pimienta y la sal.
4. Luego agregar el culantro molido y el palillo. Revolver y dejar freír bien el culantro.

5. Añadir la carne, las zanahorias y arvejas, dejar sudar unos minutos.
6. Agregar las papas cortadas en cuartos y agua que las cubra, así como a la carne. Dejar cocinar 20 minutos aproximadamente.
7. Se acompaña con arroz y si desea frejoles.

## Sugerencia

Agregar dos papas amarillas para que el guiso espese.

Puede omitirse las papas y servir con yucas sancochadas.

# Spaguettis en salsa de palta

(Elaboración fácil)
para seis personas

## Ingredientes

- 1/2 kilo de spaguetti
- 2 paltas
- 200 gramos de tocino
- 1 huevo duro
- 1/2 taza de crema de leche
- Perejil
- Sal y pimienta

**Salsa blanca**

- 2 cucharadas de margarina
- 2 cucharadas de harina
- 1/2 taza de leche evaporada
- 1/2 taza de agua caliente
- Nuez moscada y sal

## Preparación

1. Sancochar la pasta y reservar.
2. Licuar las paltas con la crema de leche, agregar sal y pimienta.
3. Preparar una taza de salsa blanca mezclando la harina con la margarina, luego ir echando de a pocos la leche evaporada diluida en agua caliente, agregar sal y nuez moscada. Mover constantemente hasta que tome una consistencia suelta.
4. Mezclar la salsa blanca con la palta licuada con crema de leche.
5. Mezclar la mitad de la salsa con los spaguettis. Luego servir, echar el resto de la salsa encima y espolvorear con tocino picado frito, huevo duro rallado y perejil.

### Consejo práctico

Para que las paltas maduren rápidamente, envolverlas en papel periódico y dejarlas a temperatura ambiente por unos días.

### Sugerencia

Servir inmediatamente para evitar que la palta se oxide.

# Tacu tacu

(Elaboración fácil)
para seis personas

## Ingredientes

- Arroz cocido del día anterior
- Frejol cocido sobrante
- 1 cebolla
- 2 ajíes verdes
- Aceite

## Preparación

1. Hacer un aderezo dorando la cebolla cortada a la pluma, con el ají en tiras.
2. Mezclar dos porciones de arroz graneado del día anterior, una porción de frejoles y el aderezo.
3. Poner todo en una sartén con un poco de aceite y tostar un poco.
2. Servir acompañado con un bistec apanado.

## Sugerencia

El tacu tacu queda más compacto poniendo la mitad de los frejoles enteros y la mitad licuados.

## Consejo práctico

Cuando sancoche menestras agregar un chorrito de aceite al agua para que queden más suaves.

# Tallarín criollo

(Elaboración mediana)
para seis personas

## Ingredientes

| | |
|---|---|
| 1/2 | kilo de tallarín |
| 250 | gramos de carne de bistec picada |
| 2 | cebollas chicas |
| 4 | tomates |
| 1 | ají verde cortado en tiritas |
| | Sal, pimienta |
| | Comino, sillau, ajos y vinagre |

## Preparación

1. Sancochar los fideos de 15 a 20 minutos.
2. En un tazón aderezar la carne picada en cuadritos con sal, pimienta, comino, ajos y un chorrito de vinagre. Dejar reposar unos 15 minutos.

3. Picar la cebolla como para lomo saltado.
4. En una sartén freír la carne sin el jugo. Luego agregar la cebolla, el tomate, el ají verde y revolver. Tapar la sartén y dejar sudar unos minutos a fuego lento.
5. Condimentar, agregar el jugo de la carne, revolver y dejar unos minutos más.
6. Al tallarín sancochado se le echa sillau en poca cantidad para que tenga un ligero color.
7. Mezclar el tallarín con el lomo y dejar un poco para echar encima.

## Sugerencia

Si desea el tallarín bien jugoso, agregar un poco de agua cuando está sudando.
Pelar y quitar las pepas a los tomates antes de picarlos, para evitar que sepan amargos.
Se puede reemplazar la carne por pollo, chancho, hígado o corazón de pollo.
Si desea se puede agregar papas fritas.

# Tallarín saltado

(Elaboración fácil)
para seis personas

## Ingredientes

- 1 kilo de tallarines chinos
- 2 pechugas de pollo cortadas en tiras
- 100 gramos de lomo cortado en tiras
- 50 gramos de chancho asado
- 1 pimiento verde chico (sin venas ni pepitas) cortado en tiras
- Verduras chinas: kolantai, cebolla china, bok choy
- 1 chorrito de sillau
- 1 chorrito de aceite de ajonjolí
- 1 cucharadita de maicena
- Sal y pimienta

## Preparación

1. Dar un hervor a los tallarines. Escurrir y poner en una fuente grande. Echar un poco de aceite de ajonjolí para que no se peguen.

2. Aparte sazonar el pollo y la carne con sal, pimienta blanca, un chorrito de sillau, un chorrito de aceite de ajonjolí y espolvorear con un poco de maicena. Saltear en una sartén grande.

3. Luego agregar las verduras chinas y el pimiento a la sartén y saltear unos minutos.

4. Cuando esté todo listo, acomodar sobre los tallarines. Servir con salsa de ostión y sillau.

# Tallarines con salsa de camarones

(Elaboración laboriosa)
para seis personas

## Ingredientes

- 1/2 kilo de fideos cinta delgados
- 1 kilo de camarones
- 4 cucharadas de harina
- 4 cucharadas de mantequilla
- 1 1/2 taza de caldo de cabezas de camarones
- 4 ajíes verdes
- 1 taza de queso parmesano
- 1 taza de mayonesa con coral de camarones
- 1/2 taza de vino blanco
- Nuez moscada
- Sal y pimienta

## Preparación

1. Preparar el caldo con las cabezas de camarones de la siguiente manera: limpiar los camarones, sacar el coral y apartarlo, freírlo con mantequilla. Retirar las colas y apartarlas. Las cabezas hervirlas en dos tazas de agua por 5 minutos, luego licuarlas y pasarlas por un colador fino dos veces.

2. Cocinar los fideos y reservar.
3. Limpiar bien los ajíes y licuarlos con el vino.
4. Preparar una salsa blanca con la mantequilla, la harina, el caldo y el ají licuado con vino. Agregar nuez moscada, sal y pimienta.

5. Mezclar la salsa con los fideos, queso parmesano y las colas de los camarones crudas. Rectificar la sazón.

6. Vaciar en un molde engrasado y cubrirlo con la mayonesa que se ha hecho con: 1 huevo, aceite, sal, pimienta y el coral que se apartó frito con mantequilla.
7. Llevar al horno a gratinar por 15 minutos antes de servir.
8. Decorar con camarones enteros, dorados en mantequilla con 1 copita de pisco o cognac, ajo, sal, pimienta y perejil.

# Trigo guisado

(Elaboración fácil)
para seis personas

## Ingredientes

- 1/2 kilo de trigo
- 1/2 kilo de tomate
- 1 cebolla picada en cuadritos
- 1 cucharadita de ajos
- 1/4 de kilo de papa
- 200 gramos de queso fresco
- Perejil al gusto

## Preparación

1. Hervir el trigo con seis tazas de agua.
2. Sancochar los tomates y colarlos.
3. Cortar las papas en cuadritos.
4. Freír la cebolla, agregar el tomate y los ajos. Mezclar con el trigo y las papas.

5. Al final, agregar el queso desmenuzado y perejil picado de adorno. Acompañar con arroz.

## Sugerencia

Remojar el trigo la noche anterior.

Se puede acompañar con huevo frito.

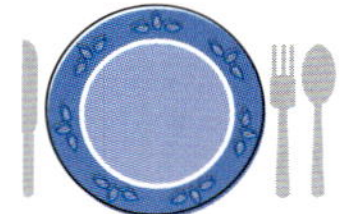

# Postres

# Alfajores

(Elaboración laboriosa)
para seis personas

## Ingredientes

- 1/2 kilo de harina sin preparar
- 1 cucharadita de sal
- 1/4 de kilo de manteca vegetal
- 5 cucharadas de azúcar
- 1/4 de taza de leche evaporada
- 2 cucharadas de ajonjolí
- Manjarblanco
- Azúcar impalpable

### Sugerencia

Con esta receta también se pueden hacer alfajores pequeños o medianos.

## Preparación

1. Mezclar la harina con la manteca usando dos cuchillos o el cortador de masa.

2. Agregar el azúcar, el ajonjolí tostado y la sal, luego la leche y amasar bien.

3. Estirar la masa con un rodillo sobre una superficie enharinada o sobre una lámina de papel poligrasa para que no se pegue.
4. Cortar 4 discos grandes de 1/2 cm de espesor.
5. Colocar en latas de hornear sin enmantequillar.
6. Llevar al horno moderado hasta que los discos tomen un color amarillo.
7. Una vez fríos se rellenan con manjarblanco armando una torta con 4 capas, dejando la última para espolvorear con azúcar impalpable.

# Alfajores de maicena

(Elaboración laboriosa)
para seis personas

## Ingredientes

| | |
|---|---|
| 3/4 | de taza de margarina |
| 1 | taza de azúcar |
| 4 | yemas |
| 1 | clara |
| 1 | copita de pisco |
| 2 | tazas de maicena |
| 3/4 | taza de harina sin preparar |
| 1 | cucharadita de polvo de hornear |
| 1 | cucharadita de vainilla |
| | Ralladura de medio limón |
| | Manjarblanco |
| | Coco rallado |

## Preparación

1. Mezclar la margarina con el azúcar en la batidora.
2. Agregar las yemas y la clara, batir hasta que esté cremoso. Luego añadir el pisco.

3. Cernir juntos la harina, la maicena y el polvo de hornear. Agregarlo a la mezcla. Por último la vainilla y la ralladura de limón.
4. Amasar un poquito sobre una servilleta de tela bien enharinada hasta que esté pareja la masa y no se pegue. Debe quedar suave.
5. Dejar descansar la masa unos 15 minutos en la refrigeradora.

6. Extender la masa sobre papel poligrasa o una superficie enharinada y cortar redondelas chicas de 4 cm o medianas de 7 cm. Colocarlas en una lata enmantequillada.
7. Hornear en 350° F ( 180° C) durante 20 minutos o hasta que estén ligeramente doradas.
8. Una vez frías untar cada redondela con manjarblanco y tapar con otra redondela. Si desea, pasar por coco rallado.

# Arroz con leche

(Elaboración fácil)
para seis personas

## Ingredientes

- 1 taza de arroz
- 3 tazas de agua
- 1 lata de leche condensada
- 1 lata de leche evaporada
- 1 palito de canela
- 2 clavos de olor
- 1 pedazo de cáscara de naranja o limón
- 1 cucharadita de vainilla
- Canela molida para espolvorear

## Preparación

1. Cocinar el arroz en tres tazas de agua con canela, clavo y cáscara de naranja hasta que el arroz se haya cocido y el agua evaporado.

2. Si lo desea, sacar la cáscara de naranja.
3. Agregar la leche condensada y la leche evaporada, cuando haya tomado punto agregarle la vainilla.
4. Espolvorear con canela.

## Sugerencia

Se puede agregar pasas.

Se puede agregar dos yemas de huevo cuando se retira del fuego.

Si desea agregar una copita de oporto.

# Arroz zambito

(Elaboración fácil)
para seis personas

## Ingredientes

- 1 taza de arroz
- 2 tapas de chancaca
- 2 rajas de canela entera
- 2 o 3 clavos de olor
- 2 tazas de agua
- 1/2 taza de pasas
- 1 1/2 tarro de leche más 1 1/2 taza de agua hasta completar 1 litro

## Preparación

1. Hervir la leche con el agua, canela, clavo y luego echar el arroz.

2. Al empezar a hervir añadir la chancaca en trocitos y las pasas, luego revolver bien.

3. Mover constantemente hasta que se vea el fondo de la olla.
4. Servir en una dulcera y espolvorear con canela molida.

## Sugerencia

Se puede reemplazar la leche de tarro por: 1 litro de leche fresca más 2 tazas de agua o por 1 litro de leche en polvo más 2 tazas de agua.

Para un sabor diferente agregar 1/2 copita de oporto.

Si desea agregar 1/2 taza de nueces picadas.

De preferencia comprar chancaca oscura.

# Bavarois de chirimoya

(Elaboración mediana)
para seis personas

## Ingredientes

1 tarro de leche evaporada helada
1 taza de azúcar
1 1/2 sobre de colapiz en polvo
1 kilo de chirimoya pelada y cortada
Jugo de 2 limones
2 cucharaditas de vainilla

**Crema de chocolate**

1 tarro de leche evaporada
3 huevos
5 cucharadas de cocoa
1 taza de azúcar

## Crema de chocolate

Mezclar en una olla el azúcar con las yemas, la cocoa y al final la leche. Se deja tomar punto a fuego lento sin que hierva. Luego dejar entibiar. Aparte batir las claras a punto de nieve, y mezclar suavemente a lo anterior con la cuchara, sin batir. Se pone a helar hasta servir.

## Preparación

1. La leche se pone a helar la víspera en la refrigeradora o 1 hora antes en el congelador. Batir hasta que doble su volumen.

2. Pelar las chirimoyas, sacar las pepas y cortar. Luego rociarlas con el jugo de limón.
3. Disolver la colapiz.
4. Continuar batiendo e incorporar el azúcar y la vainilla a la leche. Luego la colapiz tibia.

5. Mezclar con una cuchara las chirimoyas y la leche batida.
6. Vaciar la preparación en un molde aceitado. Llevar a la refrigeradora hasta que cuaje.
7. Desmoldar y servir con la crema de chocolate.

# Brownies

(Elaboración fácil)
para seis personas

## Ingredientes

- 4 huevos
- 2 tazas de azúcar
- 1/2 taza de mantequilla
- 1/3 de taza de cocoa
- 1 taza de harina preparada
- 1/2 cucharadita de polvo de hornear
- 1 cucharadita de vainilla
- 1 taza de nueces picadas

### Sugerencia

Se puede enharinar con cocoa para que queden de ese color.

Servir con helados.

### Consejo práctico

Al guardar los huevos en la refrigeradora recuerde hacerlo con la parte ancha hacia arriba.

## Preparación

1. Batir 4 huevos con el azúcar.
2. Derretir la mantequilla con la cocoa en una ollita e incorporar a la mezcla de huevos y azúcar.
3. Mezclar la harina y el polvo de hornear, y unir a la mezcla de huevos, azúcar, mantequilla y cocoa.

4. Al final añadir la vainilla y las nueces picadas.
5. Engrasar y enharinar un molde.
6. Hornear a 350° F (180° C ) por 40 – 45 minutos.

# Budín de chancay

(Elaboración mediana)
para seis personas

## Ingredientes

- 9 chancay chicos
- 5 huevos
- $^1/_2$ taza de azúcar
- 1 cucharadita de esencia de vainilla
- 50 gramos de pasas
- 50 gramos de pecanas peladas
- 2 tazas de leche evaporada
- 100 gramos de mantequilla o margarina

### Consejo práctico

Cuando quiera que las pasas en los budines o bizcochos no se vayan al fondo, pasarlas por harina antes de añadirlas.

### Sugerencia

Las pecanas y pasas se pueden cambiar por otras frutas secas.

## Preparación

1. Engrasar un molde refractario.
2. Cortar en tajadas los chancay y enmantequillarlos por ambos lados. Colocarlos en el molde por capas, entre capa y capa rociarlos con pasas y pecanas. Llenar $^3/_4$ del molde.
3. Batir los huevos con la leche, azúcar y vainilla.
4. Echar el batido sobre el molde. Dejarlo descansar media hora antes de hornearlo.
5. Hornear por treinta minutos a temperatura media.

# Cachitos de nueces

(Elaboración fácil)
para seis personas

## Ingredientes

1 taza de harina preparada
1 taza de nueces picadas
2 cucharadas de azúcar en polvo
125 gramos de mantequilla

## Preparación

1. En un recipiente mezclar todos los ingredientes con una cuchara.
2. Cuando la masa esté como harina gruesa formar los cachitos con la mano.

3. Colocar los cachitos en una fuente engrasada.
4. Cuando estén ligeramente horneados sacar los cachitos del horno. Una vez dorados espolvorear con azúcar molida.

## Consejo práctico

Las nueces no deben guardarse por mucho tiempo, debido a que su alto contenido de aceite hace que su sabor se altere.

# Cake de especias

(Elaboración fácil)
para seis personas

## Ingredientes

- 3/4 de taza de mantequilla
- 1 1/4 de taza de azúcar rubia
- 1 taza de azúcar blanca
- 3 huevos
- 3 tazas de harina
- 1 1/2 cucharadita de bicarbonato
- 3/4 de cucharadita de nuez moscada
- 3/4 de cucharadita de clavo de olor
- 1 1/2 cucharadita de canela
- 1 cucharadita de sal
- 1 1/2 taza de leche cortada

### Sugerencia

Se puede usar leche fresca o leche de tarro, si es de tarro calcular mitad de leche y mitad de agua.

Para la leche cortada agregarle unas gotitas de limón.

### Consejo práctico

Si el azúcar rubia se ha endurecido al guardarla, cubrir con una tela húmeda por algunas horas y se volverá a ablandar.

## Preparación

1. Batir la mantequilla con el azúcar rubia, el azúcar blanca y los huevos.
2. Cernir la harina, bicarbonato, nuez moscada, canela y sal.
3. Incorporar todo lo cernido a la mezcla anterior.
4. Al final agregar la leche cortada y el clavo de olor.
5. Poner en un molde engrasado y con harina.
6. Poner al horno a 350° F ( 180° C ) por 35 – 40 minutos.

# Cake de mandarinas

(Elaboración fácil)
para seis personas

## Ingredientes

- 2 huevos
- 2 mandarinas medianas sin pepas
- 3 tazas de azúcar
- 1 cucharadita de vainilla
- 1 taza de aceite
- 2 cucharadas de cocoa
- 3 tazas de harina

## Sugerencia

Se puede utilizar el procesador en vez de la licuadora, dándole así mayor cremosidad.

Se puede utilizar un molde con hueco o un molde de budín inglés.

## Preparación

1. Cortar las mandarinas con cáscara y licuarlas hasta lograr una pulpa bien cremosa.

2. Vaciar en un recipiente y agregar el azúcar, los huevos y la vainilla.

3. Intercalar el aceite con la harina.
4. Apartar una cuarta parte de la masa, agregarle la cocoa y mover bien.
5. Enmantequillar y enharinar el molde y echar primero la masa blanca. Luego agregar la masa de chocolate haciendo unas ondas con un cuchillo.
6. Llevar al horno a 350°F (180°C) por 45 minutos.

# Cake de naranja con manzana

(Elaboración mediana)
para seis personas

## Ingredientes

- 1 taza de mantequilla
- 2 tazas de azúcar
- 2 huevos
- 1 taza de jugo de naranja
- 3 tazas de harina
- 3 cucharaditas de polvo de hornear
- 3 manzanas
- Ralladura de una naranja
- Canela molida al gusto

## Sugerencia

Se puede reemplazar el jugo y la ralladura de naranja por una taza de leche y una cucharadita de vainilla.

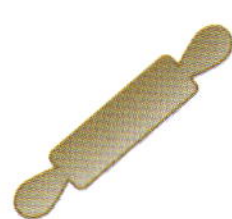

## Preparación

1. Batir la mantequilla con el azúcar hasta formar una crema.
2. Añadir las yemas una por una y luego la ralladura de naranja. Agregar alternadamente el jugo y la harina cernida con el polvo de hornear.
3. Batir las claras y luego mezclarlas con una cuchara en forma envolvente.
4. Enmantequillar y enharinar el molde. Luego echar azúcar al fondo del molde con un poquito de canela molida y trocitos de mantequilla.
5. Acomodar las manzanas peladas y cortadas en rodajas y vaciar la mezcla encima.
6. Llevar al horno precalentado a 350°F (180°C) por 30 minutos.

# Cake de zanahoria

(Elaboración fácil)
para seis personas

## Ingredientes

1 1/2 taza de aceite
1 1/2 taza de azúcar rubia
4 huevos
3 tazas de zanahoria rallada
3 tazas de harina
2 cucharaditas de polvo de hornear
2 cucharaditas de bicarbonato
1 cucharadita de sal
2 cucharaditas de canela en polvo
1/2 taza de nueces picadas

**Crema para glasear**

3 onzas de queso crema
1 1/2 taza de azúcar en polvo
1 cucharadita de vainilla

## Preparación

1. Cernir la harina y agregar luego el polvo de hornear, el bicarbonato, la sal y la canela en polvo.
2. Enseguida incorporar el aceite, el azúcar, los huevos, la zanahoria y las nueces. Mezclar todo con una cuchara de madera.
3. Enmantequillar y enharinar un molde, vaciar la mezcla y llevar al horno por una hora y cuarto en horno moderado a 350° F ( 180° C).

**Para la crema**

1. Mezclar con un tenedor el queso crema con el azúcar en polvo y la vainilla hasta que quede todo bien unido.
2. Cubrir el cake con la crema utilizando una espátula y decorar al gusto.

## Consejo práctico

El queso crema se puede elaborar con leche completa o con una combinación de leche completa y crema. Es un elemento esencial en los cheesecakes y para las coberturas cremosas.

## Sugerencia

Si desea agregar media taza de pasas.

# Champuz de guanábana

(Elaboración fácil)
para seis personas

## Ingredientes

| | |
|---|---|
| 1 | litro de agua |
| 1 | membrillo |
| 1 | manzana |
| 1/2 | piña |
| | Canela entera |
| 10 | clavos de olor |
| 1/2 | taza de azúcar |
| 1/4 | de kilo de mote pelado |
| 1/4 | de kilo de harina de maíz |
| | Guanábana |
| 1 | limón |
| | Canela en polvo |

## Preparación

1. Poner en una olla el agua con un membrillo cortado en tajadas, una manzana picada y media piña cortada en triángulos pequeños.
2. Agregar la canela entera, los clavos de olor y el azúcar.
3. Cuando la fruta esté cocida agregar el mote pelado y la harina de maíz disuelta en medio litro de agua fría.
4. Mover continuamente hasta que espese.
5. Incorporar la guanábana en gajos sin pepas, con unas gotas de limón.
6. Servir en una dulcera y espolvorear con canela.

# Cheesecake

(Elaboración mediana)
para seis porciones individuales

## Ingredientes

- 1 paquete de queso crema
- 1/2 taza de azúcar
- 2 huevos
- 1 1/2 taza de leche evaporada
- Vainilla
- Ralladura de naranja
- 4 paquetes de galleta de vainilla
- 1/2 taza de mantequilla

## Preparación

1. Con la batidora de mano, batir el queso crema hasta que quede muy liso y añadir el azúcar.

2. Agregar los huevos uno por uno dejando que se incorporen bien.
3. Añadir la leche y la vainilla.
4. Colar la mezcla y luego agregar la ralladura de naranja.

**Para la masa**

1. En la licuadora pulverizar cuatro paquetes de galleta de vainilla y una pizca de canela.
2. Agregar dos cucharadas de mantequilla derretida con los dedos, mezclar y formar la base en el recipiente donde se va a hornear.
3. Hornear a fuego bajo por 45 minutos o hasta que se vea firme el centro. Dejar enfriar y refrigerar.

# Cheesecake rápido de durazno

(Elaboración fácil)
para seis personas

## Ingredientes

150 gramos de galletas de vainilla molidas
50 gramos de margarina derretida

**Relleno**

2 paquetes de queso crema
2 latas de leche condensada
2/3 de taza de jugo de limón
1 lata de duraznos al jugo
1 paquete de gelatina chica de duraznos

## Preparación

1. Mezclar las galletas con la mantequilla y poner en un pírex cubriendo el fondo.
2. Licuar la leche con el queso y el jugo de limón. Echar rápidamente sobre la costra de galletas.
3. Cortar los duraznos en gajos y acomodarlos encima de la mezcla.
4. Disolver la gelatina en el agua, dejar que se enfríe y cuajar ligeramente.

5. Echar encima del relleno y llevar a la refrigeradora a terminar con el cuajado.

## Sugerencia

Se puede reemplazar el durazno por uvas (1 taza de uvas blancas y 1 taza de uvas negras) y se emplea gelatina de piña.

# Cocada limeña

(Elaboración fácil)
para seis personas

## Ingredientes

- 1 coco (guardar el agua)
- 2 chancay sin corteza
- 1 1/2 taza de azúcar
- 3 yemas
- 1 copita de pisco
- 1 palito de canela

## Preparación

1. Rallar el coco por la parte más ancha del rallador.
2. Poner a tomar punto en una olla el azúcar, la canela y media taza de agua de coco.
3. Cuando el azúcar ha tomado punto de bola suave, agregar el coco. Mover hasta que vuelva a tomar punto.
4. Remojar los chancay en el pisco y cubrirlos con agua de coco.
5. Agregar los chancay a la olla y cocinar hasta que se mezclen bien con el coco.
6. Apagar el fuego y agregar las yemas batidas.
7. Poner en un molde resistente al horno y dorar.

## Consejo práctico

La manera más simple de abrir un coco es haciéndole dos perforaciones para extraerle el agua. Luego se pone al horno caliente por 15 minutos, se retira y con un martillo se da un golpe seco en el centro.

# Cocaditas

(Elaboración fácil)
para seis personas

## Ingredientes

250 gramos de coco rallado
2 huevos
200 gramos de azúcar
60 gramos de margarina
1/2 cucharadita de vainilla
2 cucharadas de maicena

## Sugerencia

Las bolitas se van formando con una cucharita de té bien colmada. Medio paquete chico de margarina equivale a 60 gramos aproximadamente.

## Preparación

1. Poner en un recipiente el coco rallado con los huevos, el azúcar, la vainilla y la maicena.
2. Derretir la margarina e incorporarla. Añadir los demás ingredientes.

3. Mezclar todo hasta que quede homogéneo.

4. Formar bolitas y colocar en una lata engrasada.
5. Llevar al horno a 300° F ( 150° C) por 15 minutos. Esperar a que estén doradas.

# Crema volteada

(Elaboración fácil)
para seis personas

## Ingredientes

1 lata de leche evaporada
1 lata de leche condensada
6 huevos
1 taza de azúcar
Vainilla

## Preparación

1. Derretir el azúcar en una ollita y acaramelar un molde.

2. Mezclar en un recipiente los huevos uniendo las claras y las yemas.
3. Agregar las leches y la vainilla.
4. Vaciar la mezcla sobre el molde acaramelado y poner en baño maría a 350°F (180°C) por una hora aproximadamente.

## Sugerencia

No batir pues debe evitarse que se formen burbujas de aire.

## Consejo práctico

Al preparar el caramelo recuerde que no se debe revolver después del hervor. Una vez que empiece a dorarse inclinar suavemente la ollita para que el caramelo tenga un color dorado uniforme

# Crocante de manzana

(Elaboración fácil)
para seis personas

## Ingredientes

- 1/2 taza de mantequilla
- 1 taza de azúcar rubia
- 1 taza de harina preparada
- 1 cucharadita de canela
- 1 cucharadita de nuez moscada
- 8 manzanas
- 50 gramos de pasas
- 1/2 vaso de jugo de naranja

### Sugerencia

Acompañar con helado.

## Preparación

**Relleno**

1. Remojar las pasas en jugo de naranja.
2. Cortar las manzanas en tajadas delgadas y mezclarlas con las pasas.
3. Acomodar las manzanas en un molde engrasado.

**Crocante**

1. Cernir la harina con la canela y la nuez moscada.
2. Mezclar con las manos o con un tenedor la mantequilla, el azúcar y la harina cernida.

3. Acomodar la mezcla encima de las manzanas.
4. Llevar al horno a 350° F ( 180° C ) por 45 minutos.

# Crocante de nueces

(Elaboración fácil)
para seis personas

## Ingredientes

- 4 huevos
- 400 gramos de azúcar rubia
- 100 gramos de mantequilla sin sal
- 140 gramos de harina preparada
- 200 gramos de nueces picadas
- 1 copita de pisco

## Preparación

1. Mezclar los huevos con el azúcar sin batir.

2. Derretir la mantequilla y caliente añadirla a la mezcla anterior.

3. Cernir la harina y remojar las nueces en la copita de pisco.
4. Luego añadir la harina más las nueces remojadas a la mezcla anterior.
5. Enmantequillar y enharinar un molde, vaciar la mezcla y llevar al horno a 350°F (180 °C) hasta dorar.

# Dulce de pallares

(Elaboración mediana)
para seis personas

## Ingredientes

- 1 kilo de pallares tiernos
- 1 lata de leche evaporada
- 1 kilo de azúcar
- Canela y vainilla
- Ajonjolí tostado

## Preparación

1. Cocinar los pallares en agua con sal.
2. Pelarlos para quitarles las cáscaras y pasarlos por un colador para que no queden grumos.
3. Agregar la leche, el azúcar, la canela y la vainilla.
4. Colocar todo en una olla hasta tomar punto de manjarblanco
5. Servir en una dulcera y espolvorear con ajonjolí tostado.

## Consejo práctico

Entre las menestras, los pallares son los que quedan más cremosos luego de cocinarse, por lo que resultan muy apropiados para dulces y postres.

# Encanelado

(Elaboración mediana)
para seis personas

## Ingredientes

6 huevos
8 cucharadas de azúcar
1 taza de harina
1 taza de azúcar
2 copitas de pisco
Manjarblanco
Azúcar en polvo
Canela molida

### Sugerencia

Calentar el manjarblanco si está duro. Cortar el bizcocho con cuidado porque es muy suave.

## Preparación

1. Batir los huevos con el azúcar en la batidora hasta que estén bien espumosos.

2. Luego retirar y añadir la harina cernida de a pocos en forma envolvente para que no se bajen los huevos.
3. Vaciar la preparación en un molde redondo o cuadrado forrado con papel manteca.
4. Llevar al horno a 350° F ( 180° C) por 30 minutos.
5. Desmoldar y cortar en dos. Meter una lata para separarlo.

**Almíbar**

1. Llevar una ollita al fuego por más o menos 15 minutos con 1 taza de azúcar, 1/2 taza de agua y 2 copitas de pisco hasta que quede como una miel no muy espesa.

2. El bizcocho de abajo se empapa con el almíbar tibio. Una vez que se haya absorbido se rellena con manjarblanco. Se tapa y se espolvorea con un poquito de azúcar en polvo y canela.

# Flan de camote

(Elaboración fácil)
para seis personas

## Ingredientes

| | |
|---|---|
| 1 | kilo de camotes sancochados y pelados |
| 2 | tazas de leche evaporada pura |
| 1 | taza de harina preparada |
| 3 | huevos batidos |
| 3 | cucharadas de mantequilla |
| 2 | tazas de azúcar |
| 1 | cucharada de vainilla |
| | Ralladura de una naranja |

**Almíbar**

| | |
|---|---|
| $1^1/_2$ | taza de azúcar |
| 1 | taza de agua |
| | Pasas |
| | Pecanas o nueces |

## Preparación

1. Licuar el camote con una taza y media de leche.
2. Vaciar el contenido en un recipiente y agregar el azúcar y la mantequilla derretida.

3. Licuar con la leche restante los huevos y la harina. Añadir al puré de camotes junto con la vainilla y la ralladura de naranja.
4. Engrasar un molde refractario y vaciar el contenido.
5. Llevar al horno a 350°F (180°C) durante $1^1/_2$ hora aproximadamente.
6. Retirar del horno y dejar reposar.
7. Hacer un almíbar con el azúcar y el agua, agregar las pecanas y las pasas.
8. Echar el almíbar en cada porción de flan, decorando con las pasas y las pecanas.

# Flan de manzana

(Elaboración fácil)
para seis personas

## Ingredientes

1 kilo de manzana
1 tarro de leche condensada
1 tarro de leche evaporada
4 huevos
1 cucharadita de canela molida

### Consejo práctico

Para que las manzanas cortadas no se pongan oscuras, ponerlas en agua con jugo de limón.

## Preparación

1. Rallar las manzanas.

2. Batir las claras a punto de nieve. Agregar las yemas, leche evaporada, leche condensada y canela. Mezclar bien todos los ingredientes.

3. Incorporar la manzana rallada y mezclar bien.
4. Echar la mezcla en un molde engrasado y llevar al horno a temperatura media hasta que dore.

# Frejol colado

(Elaboración laboriosa)
para seis personas

## Ingredientes

- 1/2 kilo de frejoles negros
- 1 kilo de azúcar rubia
- 1/2 cucharadita de canela molida
- 1/2 cucharadita de clavo de olor molido
- 1 1/2 cucharada de ajonjolí tostado
- 2 tazas de leche evaporada pura

## Preparación

1. Remojar los frejoles desde el día anterior con bastante agua. Hervirlos hasta que estén suaves.
2. Licuar formando un puré. Hacerlo de a pocos agregando un poquito de agua para ir soltando.
3. Colocar el puré de frejoles en una olla con el azúcar, especerías y leche. Ir moviendo constantemente hasta que tome punto.
4. Retirar, entibiar y vaciar en una dulcera espolvoreando con ajonjolí tostado.

### Sugerencia

Es muy importante no dejar de mover para que el frejol no se queme ni se pegue en la olla. Se conoce el punto cuando al mover el frejol se puede ver el fondo de la olla.

### Consejo práctico

Al espolvorear el ajonjolí conviene estrujarlo un poco para intensificar su sabor.

# Guargueros

(Elaboración laboriosa)
para seis personas

## Ingredientes

10 cucharadas de harina sin preparar
8 yemas
2 cucharaditas de manteca derretida
1 copita de pisco
1 cucharadita de polvo de hornear
Clara de huevo para pegar
Aceite para freír
Manjablanco para rellenar
Azúcar impalpable

## Sugerencia

No agregar la manteca caliente porque se cocinan las yemas.

No poner mucha harina en la mesa para estirar la masa, pues si no se endurece.

Cuando se fríe hay que estar muy atentos pues se doran rápidamente.

## Preparación

1. Cernir la harina con el polvo de hornear sobre una superficie de trabajo. Hacer un hueco en el centro como un volcán.
2. En el centro agregar las yemas, la manteca derretida y tibia, el pisco e ir mezclando con la yema de los dedos hasta que todo quede bien ligado.
3. Amasar hasta que la consistencia de la masa sea bien elástica. Taparla y dejar reposar por 30 minutos.

4. Estirar la masa muy fina con el rodillo, espolvoreando con harina.

5. Cortar la masa en cuadrados, unir las dos puntas opuestas y pegar con la clara de huevo.
6. Freír en abundante aceite caliente hasta que estén ligeramente dorados por ambos lados. Retirar sobre papel absorbente.

7. Una vez fríos, rellenar con manjarblanco y espolvorear con azúcar impalpable.

# Manjarblanco de coco

(Elaboración mediana)
para seis personas

## Ingredientes

- 1 lata de leche evaporada
- 1/2 kilo de azúcar
- 1 coco fresco rallado
- 1 palito de canela
- 2 yemas
- Vainilla

## Preparación

1. Rallar el coco quitándole la cascarita marrón con pelador de papas.
2. Hervir la leche con el azúcar y la canela. Cuando empiece a espesar echar el coco rallado y continuar moviendo hasta que tome punto.
3. Entibiar y agregar las yemas como hilo sin dejar de mover para que éstas no se cocinen.
4. Se vuelve a poner al fuego y se le da un hervor.
5. Al retirar del fuego se agrega la vainilla.

## Sugerencia

Se puede hacer ricitos de coco o agregar cascaritas de naranja encima.

## Consejo práctico

Cuando utilice sólo las yemas y le queden las claras, puede conservarlas refrigeradas por dos o tres días.

# Manjarblanco de quinua

(Elaboración laboriosa)
para seis personas

## Ingredientes

1 taza de quinua
$3^1/_2$ tazas de leche
3 tazas de azúcar
Canela molida

### Sugerencia

No dejar de mover para que no se queme ni se pegue en la olla.

## Preparación

1. Lavar la quinua 2 o 3 veces y poner a hervir en agua hasta que esté suave.

2. Escurrir y licuar con la leche y el azúcar.

3. Llevar nuevamente a cocinar moviendo constantemente con cuchara de palo hasta que se vea el fondo de la olla.
4. Echar en una dulcera y espolvorear con canela molida.

# Mazamorra de zapallo

(ELABORACIÓN FÁCIL)
PARA SEIS PERSONAS

## Ingredientes

- 1/2 kilo de zapallo
- 3/4 de taza de maicena
- 1 tarro de leche evaporada
- 1 palito de canela
- 1 pedazo de cáscara de naranja o limón
- 1 taza de azúcar
- 1 clavo de olor
- Canela molida para espolvorear

## PREPARACIÓN

1. Sancochar el zapallo con el palito de canela, cáscara de naranja o limón, clavo de olor y dos tazas de agua.

2. Licuar sacando el palito de canela y clavo de olor.

3. En una olla poner lo licuado, la leche y el azúcar. Disolver la maicena en una taza de agua. Una vez que hierva echar la maicena.
4. Una vez cocido servirlo y espolvorear con canela molida.

# Mazamorra morada

(Elaboración laboriosa)
para seis personas

## Ingredientes

3 litros de chicha morada (ver receta en pág. 256)
1 1/2 taza de azúcar
1 piña en trocitos
1 taza de guindones
100 gramos de guindas
100 gramos de orejones
100 gramos de harina de camote
100 gramos de chuño
1 limón
Canela entera y en polvo

## Preparación

1. Preparar chicha morada y reservar 3 litros antes de endulzar.

2. Poner a hervir en una olla la piña en trocitos con la fruta seca, el azúcar y la chicha morada. Esperar que la fruta esté cocida.

3. Luego disolver la harina de camote y el chuño con chicha morada fría y agregar a las frutas cocidas.
4. Cuando ha agarrado punto retirar del fuego y agregar el jugo de 1 limón.
5. Servir en una dulcera y espolvorear con canela en polvo.

# Mermelada de fresas

( Elaboración fácil)
para seis personas

## Ingredientes

1 kilo de fresas
1 kilo de azúcar
1 limón

## Preparación

1. Lavar las fresas y cortarles los tallitos.
2. Incorporar el azúcar hasta que todas las fresas queden impregnadas con ésta.
3. Poner a hervir la mezcla primero en fuego alto. Cuando ya ha hervido bajar el fuego hasta que tome punto.
4. Al final echar el jugo del limón.

## Sugerencia

Si las fresas son grandes es mejor cortarlas por la mitad.

Para probar si está a punto, se echa media cucharadita en un plato y se deja enfriar un poco, luego se pasa el dedo encima y si se "arruga" la mermelada está a punto.

Para guardarla en pomos, primero se hierven los pomos y se secan bien, luego se echa la mermelada. Cuando se ha enfriado se tapa y se puede dejar afuera durante la noche, al día siguiente refrigerar.

# Mermelada de mandarinas

( Elaboración fácil)
para seis personas

## Ingredientes

1 kilo de mandarinas

1 kilo de azúcar

Pepas de una naranja

## Preparación

1. Pelar las mandarinas, pelar los gajos y licuar.
2. En un pedazo de gasa poner pepas de naranja y amarrar con una pita.

3. Poner en una olla las mandarinas licuadas, el azúcar y la gasa con las pepas.
4. Poner a hervir de 15 a 17 minutos aproximadamente.

## Sugerencia

Para probar si está a punto, se echa media cucharadita en un plato y se deja enfriar un poco, luego se pasa el dedo encima y si se "arruga" la mermelada está a punto.

Para guardarla en pomos, primero se hierven los pomos y se secan bien, luego se echa la mermelada. Cuando se ha enfriado se tapa y se puede dejar afuera durante la noche, al día siguiente refrigerar.

# Mousse de lúcuma

(Elaboración mediana)
para seis personas

## Ingredientes

1 taza de azúcar
4 claras
3 tazas de puré de lúcumas (5 lúcumas medianas)
1 lata de leche evaporada (helada desde la víspera)
8 hojas de colapiz ($1^1/2$ sobre de colapiz en polvo)

**Crema de vainilla**

4 yemas
1 tarro de leche evaporada
3 cucharaditas de azúcar
$^1/2$ cucharadita de maicena
1 cucharadita de vainilla
$^1/2$ cucharadita de mantequilla

## Preparación

1. Se hace un almíbar de azúcar y agua que sólo la cubra (punto bola gruesa).

2. Batir las claras a punto de nieve. Sobre ellas echar lentamente el almíbar sin dejar de batir.
3. Remojar la colapiz en agua caliente para que se disuelva. En media taza si es de lámina y en una taza si es en polvo. Dejar enfriar y agregar a lo anterior.
4. Batir la leche hasta que espese y doble su volumen. Mezclar con lo anterior suavemente, usando cuchara de metal para que no se baje la mezcla.

5. Licuar la lúcuma con un poquito de leche evaporada. Agregar a la mezcla hasta que quede como una pasta.
6. Vaciar la preparación en un molde aceitado. Llevar a la refrigeradora hasta que cuaje.
7. Desmoldar en una fuente y servir con crema de vainilla.

**Crema de vainilla**

1. Licuar todos los ingredientes por unos segundos.
2. Llevar al fuego en una olla y mover con la cuchara de madera hasta que espese.

3. Sacar del fuego y seguir moviendo. Agregar la mantequilla.

# Panqueque de chocolate

(Elaboración laboriosa)
para seis personas

## Ingredientes

**Masa**
- 2 huevos
- $^{3}/_{4}$ de taza de leche evaporada pura
- 2 cucharadas de cocoa
- 2 cucharadas de azúcar
- 1 cucharadita de pisco
- 1 cucharada de mantequilla derretida
- 1 cucharadita de vainilla
- $^{1}/_{4}$ de cucharadita de sal
- $^{1}/_{2}$ taza de harina

**Relleno**
- 200 gramos de chocolate cobertura bitter
- $1^{1}/_{4}$ de taza crema de leche
- 1 cucharadita de vainilla
- 4 yemas
- 2 cucharadas de pecanas picadas
- Licor de nueces, pisco (opcional)

**Salsa de vainilla**
- 1 lata de leche evaporada
- 6 yemas
- 1 cucharadita de vainilla
- $^{2}/_{3}$ de taza de azúcar

## Preparación

**Masa**

1. Licuar todos los ingredientes, colar y dejar reposar por lo menos media hora.

2. Cocinar los panqueques en una sartén de teflón sin nada de aceite.

**Relleno**

1. Poner el chocolate rallado en la licuadora y agregar la crema recién hervida. Mientras se va licuando agregar la vainilla y las yemas.
2. Llevar a enfriar y esperar que enfríe y cuaje.

3. Rellenar los panqueques con esta preparación.

**Salsa de vainilla**

1. Poner en una olla y cocinar hasta que espese un poco, moviendo constantemente en forma de ocho, no dejar hervir.
2. Cortar los extremos de los panqueques y bañar con salsa de vainilla.

## Sugerencia

Se ve el punto de la salsa de vainilla cuando se cubre la cuchara con que se está moviendo. Utilizar cuchara de madera.

# Pastel de choclo dulce

(Elaboración mediana)
para seis personas

## Ingredientes

- 2 tazas de choclo desgranado
- 200 gramos de margarina
- 4 huevos
- $1\frac{1}{2}$ taza de sémola (sacarle 1 cucharada)
- $\frac{1}{2}$ litro de leche fresca
- 1 taza de azúcar
- $\frac{1}{8}$ de cucharadita de anís
- 1 pizca de sal
- 1 raja de canela
- 1 cucharadita de polvo de hornear
- 1 cucharadita de ajonjolí tostado
- 1 taza de manjarblanco
- 2 cucharadas de aceite

### Sugerencia

Si desea se le puede agregar una taza de pasas rubias.

## Preparación

1. Poner en una cacerola a hervir la leche con la canela, la margarina y media taza de azúcar.

2. Una vez hervida la leche dejar enfriar y agregar la sémola fuera del fuego para que no se formen grumos.
3. Licuar el choclo desgranado con una taza de agua y añadir el resto del azúcar, el polvo de hornear, el anís y el aceite. Agregar esta mezcla a la leche, echar la sal. Llevar al fuego nuevamente para secar un poco.

4. Batir las claras a punto de nieve y luego las yemas por separado. Agregar a la mezcla suavemente primero las yemas y luego las claras.

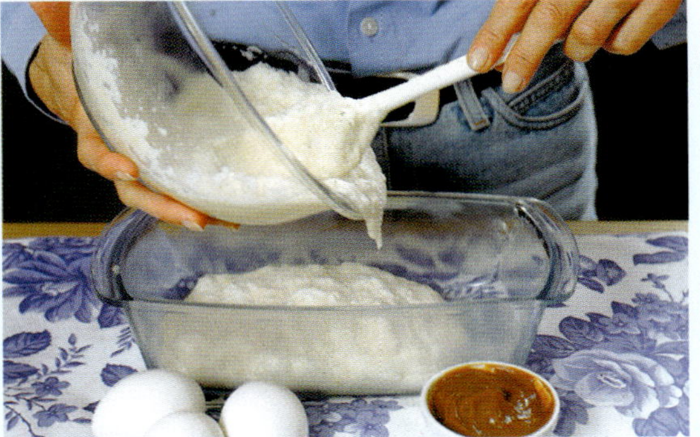

5. Engrasar y enharinar un pírex e incorporar la mitad de la masa. Echar manjarblanco al gusto y luego agregar el resto de la masa cubriendo bien.
6. Espolvorear con ajonjolí tostado y llevar al horno a 350°F (180°C) por 30 minutos.

# Peras al vino

(ELABORACIÓN FÁCIL)
PARA SEIS PERSONAS

## Ingredientes

- 6 peras no muy maduras
- 1 botella de vino tinto
- 150 gramos de azúcar
- 1/2 limón
- 2 cucharadas de canela en polvo
- 1 chorrito de vainilla
- 1 1/2 cucharada de maicena

### CONSEJO PRÁCTICO

El grado de madurez de las peras se prueba cerca del tallo, donde debe sentirse una marcada suavidad.

## PREPARACIÓN

1. Poner las peras en remojo con el vino, revolver de vez en cuando. Dejarlas macerar por lo menos 5 horas.

2. Hervir las peras con el vino, el azúcar, el limón y la vainilla por 15 minutos aproximadamente. Sacar las peras y colocarlas en una dulcera.

3. Espesar la salsa con la maicena disuelta en un poco de agua.
4. Vaciar la salsa a la dulcera y espolvorear con canela.

# Pie de limón

(Elaboración fácil)
para seis personas

## Ingredientes

- 1 paquete grande de galletas de vainilla
- 1 paquete chico de margarina
- 1 lata de leche condensada
- 3 huevos
- 3 limones
- 1/2 taza de azúcar

## Sugerencia

Se pueden moler las galletas poniéndolas en una bolsa plástica y triturándolas con el rodillo de amasar.

## Preparación

1. Moler las galletas en la licuadora y mezclar con la margarina derretida en un molde de pie.

2. Acomodar la mezcla formando una costra y llevar a dorar por 5 minutos.

3. En un tazón mezclar la leche condensada con las yemas, el jugo de los limones y la ralladura de un limón hasta que la mezcla esté homogénea.
4. Vaciar esta preparación sobre la costra del pie y llevar al horno moderado por 5 minutos.
5. Batir las claras a punto de nieve y agregar el azúcar hasta formar un merengue duro.

6. Acomodar el merengue en el molde sobre la mezcla anterior formando picos y llevar al horno por 10 minutos o hasta que dore.

# Pionono de chocolate

( Elaboración mediana)
para seis personas

## Ingredientes

- 6 huevos
- $^1/_2$ cucharadita de cremor tártaro
- $^1/_2$ taza de azúcar
- 4 cucharadas de harina
- 4 cucharadas de cocoa
- $^1/_4$ de cucharadita de sal
- Manjarblanco

## Preparación

1. Separar las claras de las yemas. Batir las claras a punto de nieve con el cremor tártaro. Agregar poco a poco el azúcar.
2. Cernir la harina con la cocoa y la sal.
3. Echar una a una las yemas e ir batiendo hasta que la masa esté espesa.
4. Con una espátula, mezclar todo suavemente con las claras.
5. Forrar con papel manteca una asadera, echar unas gotitas de aceite y un poquito de harina y luego incorporar la mezcla.
6. Hornear por 20 minutos en 350°F (180°C).

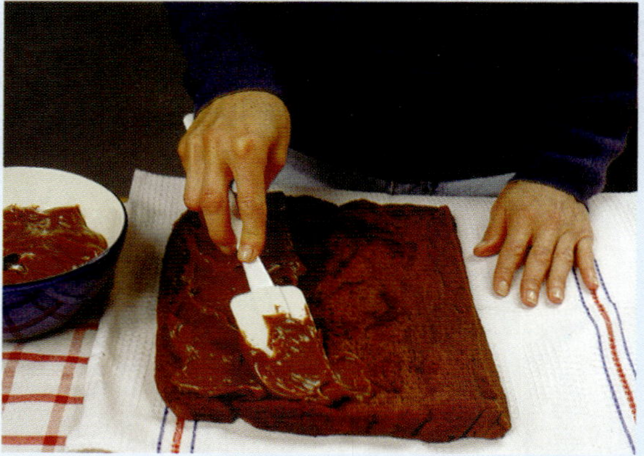

7. Cuando ya está cocido voltear sobre un secador húmedo con azúcar en polvo y rellenar con manjarblanco.

8. Luego enrollar con la ayuda de un secador.

### Sugerencia

Se puede rellenar con fudge. La asadera se puede forrar con papel aluminio.

### Consejo práctico

Cuando se agregan las claras batidas a las tortas, hay que hacerlo suavemente.

# Puercoespín

(Elaboración laboriosa)
para seis personas

## Ingredientes

**Bizcocho**
4 cucharadas de harina sin preparar
3 cucharadas de chuño
1/2 taza de azúcar
6 huevos
1 cucharada de pisco
Papel manteca

**Relleno**
1 litro de helado de vainilla
200 gramos de almendras

**Fudge**
1 lata de leche evaporada
1 lata de leche condensada
1/2 taza de cocoa
1 cucharada de mantequilla

## Preparación

**Para el bizcocho**

1. Utilizar huevos que estén a temperatura ambiente. Batir las claras con el azúcar por 10 minutos.
2. Agregar las yemas una a una y batir por 10 minutos.
3. Cernir los ingredientes secos e incorporar en forma envolvente. Luego agregar el pisco.
4. Forrar una lata con el papel manteca y vaciar la mezcla.
5. Hornear a 350 °F (180 °C) por 10 minutos.

**Relleno**

1. Forrar un tazón (25 cm de diámetro aproximadamente) con platina o papel film.
2. Encima de la platina colocar la mitad del bizcocho.
3. Rellenar con helado y tapar con la otra mitad del bizcocho. Congelar al menos por 3 horas.
4. Desmoldar, cubrir con fudge y adornar con almendras alargadas ligeramente cortadas.

**Fudge**

1. Echar en una cacerola todos los ingredientes y mover bien hasta que espese. Al final agregar la mantequilla.

## Sugerencia

Es mejor congelar el relleno de un día para otro antes de desmoldar.

Se puede variar el sabor del helado.

Para rellenar se puede utilizar bizcotelas, duraznos al jugo, fresas, kiwi, etc.

Para pelar las almendras, remojarlas en agua hirviendo por unos minutos.

# Queso helado Tía Liliana

(Elaboración fácil)
para seis personas

## Ingredientes

- 1 litro de leche fresca
- 1 lata de leche condensada
- 1 lata de leche evaporada
- 2 rajas de canela
- 100 gramos de coco rallado seco
- 4 clavos de olor
- Canela en polvo

## Preparación

1. Hervir el litro de leche con la canela, el clavo de olor y el coco rallado hasta que se reduzca a la mitad.

2. Mezclar la leche condensada con la evaporada. Utilizando un colador incorporar la leche fresca desechando el coco rallado, la canela y el clavo.
3. Poner en un pírex refractario o en varios individuales y llevar a congelar por lo menos 6 horas.
4. Desmoldar y espolvorear con canela molida. Servir enseguida.

## Consejo práctico

Para desmoldar mousses, bavarois o helados, meter una cañita entre el molde y la crema y soplar. Esto desprende el contenido completamente y se puede voltear con facilidad.

# Ranfañote

(Elaboración laboriosa)
para seis personas

## Ingredientes

- 6 tazas de pan tipo francés
- 1 tapa de chancaca grande
- 100 gramos de pasas
- 100 gramos de pecanas peladas y cortadas
- 100 gramos de coquitos
- 100 gramos de queso tipo mantecoso o fresco serrano
- 1 palito de canela
- 2 clavos de olor
- 50 gramos de mantequilla
- 1 pedazo de cáscara de naranja

### Sugerencia

De preferencia utilizar pan frío.

## Preparación

1. Enmantequillar el pan y cortarlo en cuadritos.

2. Llevar los cuadritos al horno a tostar ligeramente.
3. Poner a cocinar la chancaca en dos tazas de agua con canela, clavo de olor y trozo de cáscara de naranja.

4. Cuando tome punto la miel, agregar el pan tostado, el coquito, pasas y pecanas.
5. Cuando los trocitos de pan estén impregnados con la miel, agregar el queso para que se funda.

# Suspiro de limeña

(Elaboración mediana)
para seis personas

## Ingredientes

- 1 lata de leche evaporada
- 1 lata de leche condensada
- 5 yemas
- 3 claras
- 1 taza de azúcar
- 1 cucharadita de vainilla
- $^1/_3$ taza de oporto
- Canela para espolvorear

### Sugerencia

Se puede servir en copas o en una dulcera grande.

## Preparación

1. Vaciar en una olla las leches y llevar al fuego hasta formar un manjarblanco bien espeso.
2. Retirar del fuego y agregar las yemas mezcladas al hilo (no de frente), sin dejar de mover para que éstas no se cocinen. Añadir luego la vainilla.
3. Dejar enfriar y vaciar en una dulcera o en copitas individuales.
4. Poner el azúcar y el oporto en una olla, formando un almíbar a punto de hebra.

5. Batir las claras a punto de nieve y añadir el almíbar batiendo constantemente hasta enfriar.

6. Con este merengue se decora el manjarblanco de yemas y se espolvorea con canela molida.

# Tajadón o huevo chimbo

(Elaboración fácil)
para seis personas

## Ingredientes

15 yemas
2 huevos
2 copitas de pisco
2 cucharadas de polvo de hornear
150 gramos de pasas rubias y negras
100 gramos de almendras

**Almíbar**
2 tazas de agua
2 tazas de azúcar
1 palito de canela
1 copita de pisco

## Preparación

1. Batir las yemas y los 2 huevos por lo menos 20 minutos hasta que empalidezcan y tomen punto de cinta.

2. Agregar el polvo de hornear en forma envolvente y luego el pisco. Seguir batiendo por 10 minutos.
3. Echar la preparación en un molde cuadrado o rectangular enmantequillado y enharinado.
4. Llevar al horno por 20 minutos a 350° F (180° C).

**Almíbar**
1. Preparar el almíbar mezclando todos los ingredientes. Hervir por 6 minutos.
2. Dividir el huevo chimbo en cuadrados y echar el almíbar dejando que se impregne.
3. Adornar con pasas y almendras.

### Sugerencia

Pinchar con un palito los cuadrados de huevo chimbo para que el almíbar penetre. Remojar las pasas con un poco de pisco.

# Tartaletas de fruta

(Elaboración laboriosa)
para seis personas

## Ingredientes

**Para la masa**

200 gramos de harina
Una pizca de sal
70 gramos de mantequilla fría
80 gramos de azúcar
1 huevo ligeramente batido
1-2 gotas de vainilla

**Para la crema pastelera**

400 ml de leche fresca
1 chorrito de vainilla
4 yemas
100 gramos de azúcar
2 cucharadas de harina cernida
2 cucharadas de maicena cernida

## Preparación

**Para la masa**

1. Cernir la harina con la sal y mezclar con la mantequilla cortada en cubos. Deshacer con los dedos hasta obtener textura de pan molido.
2. Incorporar el azúcar y verter el huevo con la vainilla.
3. Amasar manualmente sobre una superficie enharinada. Formar una bola y refrigerarla por 20 minutos, envuelta en plástico.
4. Forrar los moldes con la masa previamente estirada con rodillo e hincada con un tenedor. Hornear por 20 minutos hasta dorar.

5. Dejar reposar por unos minutos, desmoldar y enfriar sobre una rejilla.

**Para la crema pastelera**

1. Hervir la leche con la vainilla y aparte batir las yemas con el azúcar hasta que la mezcla adquiera un color claro.
2. Incorporar a esta mezcla la harina y la maicena. Verter la leche caliente y batir.

3. Una vez que la crema esté homogénea calentar a fuego lento, moviendo constantemente hasta que hierva por un minuto.
4. Cubrir la crema con plástico y dejar enfriar antes de ponerla en la manga con la que se rellenarán las tartaletas.
5. Decorar con fruta fresca cortada en tiras o rebanadas. Espolvorear con azúcar en polvo.

# Torta de chocolate

(Elaboración mediana)
para seis personas

## Ingredientes

- 3 tazas de harina preparada
- 4 huevos
- 2 1/2 cucharaditas de bicarbonato
- 1/2 taza de cocoa
- 2 tazas de leche fresca
- 1 1/2 taza de aceite
- 2 1/2 tazas de azúcar
- 2 cucharaditas de sal
- 1 cucharadita de vainilla

**Fudge**

- 1 lata de leche evaporada
- 1 lata de leche condensada
- 1 taza de azúcar
- 1/2 taza de cocoa
- 1 cucharada de mantequilla

## Preparación

1. Cernir tres veces los ingredientes secos menos el azúcar.

2. Unir los huevos, el aceite y la vainilla. La leche se calienta con el azúcar y una vez fría se añade a los ingredientes líquidos.

3. Unir los ingredientes líquidos a los secos.
4. Enmantequillar dos moldes y echar la mezcla. Llevar al horno precalentado a 350 °F (180°C) por 30 minutos.

**Fudge**

1. Echar todos los ingredientes en una cacerola y mover bien hasta que espese. Al final, agregar la mantequilla.

# Turrón de chocolate

(Elaboración mediana)
para seis personas

## Ingredientes

- 4 huevos
- 2 tazas de azúcar
- 3/4 de taza de margarina
- 3 cucharadas de cocoa
- 1 taza de harina sin preparar
- 1/2 cucharadita de polvo de hornear
- 1/2 taza de nueces o pecanas picadas

**Fudge de chocolate**

- 1 lata de leche evaporada
- 1 lata de leche condensada
- 1/4 de taza de cocoa
- 1 cucharadita de vainilla
- 1 cucharadita de margarina

## Preparación

1. Batir los huevos enteros con el azúcar hasta que estén esponjosos y claritos.

2. Derretir la cocoa con la margarina en una olla o en el horno microondas, dejar entibiar y añadir a los huevos.
3. Cernir la harina con el polvo de hornear y agregar a lo anterior. Al final añadir las nueces molidas.
4. Vaciar en dos moldes forrados con papel manteca engrasado y enharinado.
5. Llevar al horno precalentado a 350°F ( 180°C) por 45 minutos.

6. Retirar del horno, bañar con fudge y adornar con pecanas enteras.

**Fudge de chocolate**

1. Disolver la cocoa en 1 taza de agua caliente y mezclar con las leches.
2. Poner en una olla y llevar al fuego hasta que espese y se vea el fondo de la olla.
3. Agregar la vainilla y la margarina. Dejar enfriar.

# Licores y refrescos

# Algarrobina

(Elaboración fácil)
para seis personas

## Ingredientes

2 tazas de pisco
2 tazas de leche
1 taza de algarrobina
3/4 de taza de azúcar
1 yema
Hielo
Canela molida

### Preparación

1. Licuar la leche con el azúcar, cuando ésta se disuelva añadir la algarrobina.
2. Agregar la yema, luego el hielo y seguir licuando.
3. Servir en una copa alta y espolvorear con canela molida.

# Cocktail de piña

(Elaboración fácil)
para seis personas

## Ingredientes

1/2 kilo de piña
1 taza de pisco
3/4 de taza de azúcar
1 onza de jugo de limón
Hielo

### Preparación

1. Licuar la piña y agregar el azúcar y el pisco.
2. Echar el jugo de limón y el hielo hasta que esté bien molido.

# Cuba libre

(Elaboración fácil)
para seis personas

1 taza de ron
1 onza de jugo de limón
Coca cola
Hielo

## Preparación

1. Mezclar el ron con el limón, agregar coca cola al gusto y cubos de hielo.
2. Decorar el vaso con una rodaja de limón.

# Daiquiri de durazno

(Elaboración fácil)
para seis personas

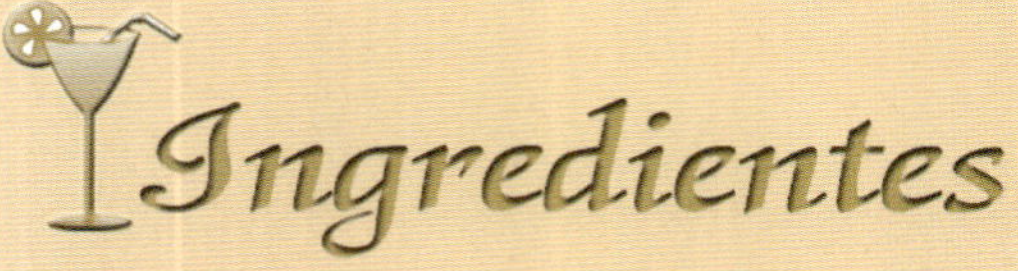

12 tajadas de durazno al jugo
2 tazas de ron rubio
3/4 de taza de azúcar
1/2 vaso de jugo de limón
Hielo
Cerezas al marrasquino

## Preparación

1. Licuar los duraznos con el azúcar hasta que ésta se disuelva.
2. Agregar el ron con el limón y el hielo.
3. Servir en una copa decorando con una cereza al marrasquino y una tajada de durazno.

# Margarita

(Elaboración fácil)
para seis personas

## Ingredientes

- 1 taza de tequila
- 1/4 de taza de jugo de limón
- 1/4 de taza de azúcar
- 1/4 de taza de Cointreau o Triple Sec
- Hielo
- Sal

## Preparación

1. Licuar el tequila con el azúcar, el jugo de limón y el Cointreau.
2. Agregar el hielo y seguir licuando.
3. Decorar el vaso con sal en el borde, echarle jugo de limón y luego la sal.

# Piña colada

(Elaboración fácil)
para seis personas

## Ingredientes

- 1 1/2 taza de crema de coco
- 2 tazas de ron rubio
- 3/4 de taza de azúcar
- 1 onza de leche de coco
- Hielo
- 6 tajadas de piña
- 6 cerezas al marrasquino

## Preparación

1. Licuar la crema de coco con el azúcar y el ron.
2. Agregar la leche de coco y el hielo.
3. Vaciar en un vaso y decorar con tajadas de piña y cerezas al marrasquino.

# Pisco sour

(Elaboración fácil)
para seis personas

## Ingredientes

| | |
|---|---|
| 1 | taza de jugo de limón |
| 1 | taza de azúcar |
| 3 | tazas de pisco |
| 2 | claras de huevo |
| 1/2 | vaso de la licuadora con hielo |
| | Amargo de angostura |

## Preparación

1. Licuar las claras de huevo con el azúcar hasta que ésta esté disuelta.
2. Agregar el pisco, luego el limón y el hielo.
3. Al servir echar de a pocos para que todos los vasos tengan espuma, primero llenar hasta la mitad y luego echar la otra mitad.
4. Agregar unas gotas de amargo de angostura en cada vaso.

# Ponche

(Elaboración fácil)
para seis personas

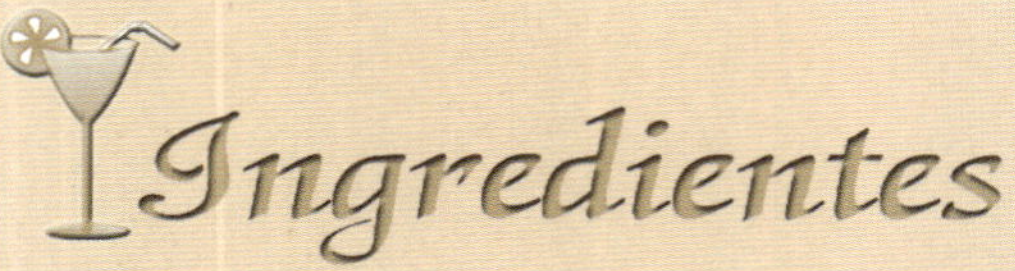


| | |
|---|---|
| 4 | tazas de vino blanco |
| 2 | tazas de jugo de naranja |
| 2 | naranjas |
| 2 | tazas de agua |
| 5 | cucharadas de ron |
| 2 | tazas de azúcar rubia |
| | Clavo de olor |
| | Canela en rajas |

## Preparación

1. Insertar los clavos de olor a las naranjas y ponerlas al horno a 350ªF (180ªC) por 30 minutos.
2. Poner el vino en una olla con el jugo de naranja, el agua, el azúcar, la canela y las naranjas con clavos a fuego moderado.
3. Cuando comience a hervir agregar el ron. Retirar del fuego y dejar reposar por unos minutos.
4. Servir en copas flauta, adornando cada una con uvas blancas.

# Primavera

(Elaboración fácil)
para una copa

## Ingredientes

| | |
|---|---|
| 2 | onzas de vodka |
| 3 | onzas de jugo de naranja |
| 4 | onzas de jugo de piña |
| | Jarabe de granadina |
| | Rodajas de naranja |
| | Cerezas al marrasquino |

### Preparación

1. Servir en cada copa primero el vodka, luego el jugo de naranja y el jugo de piña.
2. Añadir un chorrito de jarabe de granadina
3. Decorar con una rodaja de naranja y una cereza al marrasquino.

# Sangría

(Elaboración fácil)
para seis personas

## Ingredientes

| | |
|---|---|
| 1 | botella de vino tinto bien fría |
| 1 | copita de brandy |
| 1 | botella bien fría de gaseosa anaranjada o ginger ale |
| 2 | naranjas cortadas en rodajas |
| 1 | taza de jugo de naranja |
| 1 | lata de ensalada de frutas |
| 1 | manzana picada |
| | Azúcar al gusto |
| | Hielo al gusto |

### Preparación

1. En una jarra colocar la ensalada de frutas, el jugo de naranja, el brandy, la botella de vino y la gaseosa. Agregar azúcar al gusto y revolver bien.
2. Incorporar las rodajas de naranja, el hielo y la manzana picada.
3. Dejar reposar por 10 minutos y luego servir.

# Chicha morada

(Elaboración fácil)
para seis personas

## Ingredientes

- $1\frac{1}{2}$ kilo de maíz morado
- 1 piña
- 2 manzanas
- 1 membrillo
- 1 limón
- Clavo de olor
- Canela entera
- 5 litros de agua

### Preparación

1. Hervir por 2 horas el maíz con la cáscara de piña, las manzanas partidas en dos, el clavo de olor y la canela hasta que el maíz se abra.
2. Colar y vaciar la chicha a un recipiente, endulzar y echar el jugo de limòn.
3. Agregar piña fresca y membrillo en cuadraditos. Refrigerar y servir.

# Refresco de cebada

(Elaboración fácil)
para seis personas

## Ingredientes

- $\frac{1}{4}$ de kilo de cebada tostada
- 2 litros de agua
- $\frac{1}{2}$ piña
- 300 gramos de azúcar
- 3 limones

### Preparación

1. Hervir la cebada con el agua por media hora. Retirar del fuego y colar.
2. Agregar el azúcar y el jugo de limón.
3. Echar piña rascando con una cucharita de té alrededor del corazón hasta llegar a la cáscara.
4. Al final agregar hielo picado.

# Salsas

# Mayonesa

(Elaboración fácil)

## Ingredientes

- 1 huevo
- 1 taza de aceite
- 1/2 cucharadita de mostaza
- 1/2 limón
- Sal y pimienta

### Preparación

1. Poner en la licuadora el huevo, la mostaza, el limón, la sal y la pimienta.
2. Licuar y echar de a pocos el aceite en forma de hilo, hasta que espese.
3. Rectificar la sazón.

### Sugerencias

Si la mayonesa se corta, vaciar todo a un recipiente, echar otro huevo a la licuadora sin enjuagarla, licuar el huevo e ir echando de a pocos la mezcla anterior.

# Queso con piña

(Elaboración fácil)

## Ingredientes

- 200 gramos de queso cabaña
- 100 gramos de mantequilla derretida
- 1/2 cucharadita de ajos fritos
- 1/2 piña
- Sal y pimienta

### Preparación

1. Licuar todos los ingredientes.
2. Mezclar con trocitos de piña picados finamente.
3. Llevar a refrigerar para cuajar.
4. Moldear o colocar en media piña cortada a lo largo.
4. Decorar con pasas y servir acompañado con tostadas o galletitas pequeñas.

# Queso de pimiento

(Elaboración fácil)

## Ingredientes

100 gramos de queso mantecoso
100 gramos de queso cabaña
100 gramos de mantequilla derretida
1/2 cucharadita de ajos fritos
1 pimiento mediano cocido y pelado
Sal y pimienta

## Preparación

1. Licuar todos los ingredientes.
2. Llevar a refrigerar para cuajar.
3. Moldear o colocar en un pimiento entero como recipiente.
4. Servir acompañado con tostadas o galletitas pequeñas.

# Salsa criolla

(Elaboración fácil)

## Ingredientes

1 cebolla grande
1 ají verde
1 ramita de perejil
Jugo de 1 o 2 limones
Aceite
Sal y pimienta

## Preparación

1. Cortar la cebolla a la pluma y lavarla bien en agua con sal. Escurrir.
2. Colocar en una vasija y echar sal, pimienta, jugo de limón, aceite, perejil picado y ají verde en rodajas delgadas.
3. Dejar reposar por 2 horas.

# Salsa de ají

(Elaboración fácil)

## Ingredientes

- 1/4 de kilo de ají verde
- 1 limón
- 1/4 de cucharadita de ajos
- Aceite
- Sal
- Aceite de oliva

### Preparación

1. Lavar los ajíes y quitarles las pepas y las venas al gusto.
2. Partir en trozos los ajíes y licuarlos con la cantidad de aceite suficiente para formar una pasta suave.
3. Una vez bien licuado agregar sal, el jugo de limón, un chorrito de aceite de oliva y los ajos.
4. Licuar por medio minuto para que los ingredientes se mezclen bien.

# Salsa de guacamole

(Elaboración fácil)

## Ingredientes

- 1 palta grande
- 1/2 taza de cebolla picada
- 1/2 taza de tomate picado
- 3 cucharadas de mayonesa
- 3 cucharadas de perejil picado
- Jugo de 2 limones
- Sal y pimienta

### Preparación

1. Machucar con un tenedor la palta y echarle el jugo de los limones.
2. Agregar la cebolla, el tomate picado, pelado y sin pepas, la mayonesa y el perejil.
3. Salpimentar al gusto.

# Salsa de huacatay

(Elaboración fácil)

1 ramita de huacatay
1 ají verde
1 rocoto
Sal y pimienta
Aceite
Vinagre

**Preparación**

1. Licuar el ají verde con el rocoto y las hojas de huacatay bien lavadas y secas.
2. Echar sal, pimienta y un chorrito de aceite y vinagre.

# Salsa de queso

(Elaboración fácil)

250 gramos de queso fresco
1/2 taza de aceite
1/2 taza de leche de tarro
2 ajíes verdes
Sal y pimienta

**Preparación**

1. Licuar el queso fresco con el aceite, la leche y los ajíes verdes.
2. Salpimentar al gusto.

# Salsa golf

(Elaboración fácil)

## Ingredientes

- 1 huevo
- 1 taza de aceite
- 1 cucharadita de mostaza
- 1 limón
- 1 cucharada de ketchup
- 1/2 cucharadita de salsa inglesa
- Sal y pimienta

### Preparación

1. Poner en la licuadora el huevo, la mostaza, el ketchup, la salsa inglesa, el limón, la sal y la pimienta.
2. Licuar y echar de a pocos el aceite en forma de hilo, hasta que espese.
3. Rectificar la sazón.

# Salsa tártara

(Elaboración fácil)

## Ingredientes

- 1 huevo
- 1 taza de aceite
- 1 cucharadita de mostaza
- 1/2 taza de cebolla china picada
- 1 huevo duro
- Pepinillo encurtido
- 1 limón
- Sal y pimienta

### Preparación

1. Poner en la licuadora el huevo, la mostaza, el limón, la sal y la pimienta.
2. Licuar y echar de a pocos el aceite en forma de hilo, hasta que espese.
3. Picar el huevo duro y el pepinillo encurtido y mezclarlos con la mayonesa. Luego agregar la cebolla china picada.

# Principales ingredientes

**ACEITUNA**

El color verde o negro de las aceitunas no depende de la variedad, sino del momento en que han sido cosechadas. Las que se recogen primero son todavía duras y de color verde pálido, mientras que las negras han madurado en el árbol y han formado más aceite.

**AJÍ**

En el Perú el ají, en sus diferentes variedades, ha sido usado como ingrediente básico desde tiempos prehispánicos.

**Ají verde**

Conocido como ají de escabeche, en realidad su color es naranja y es el más utilizado, tanto crudo (picado o licuado formando una pasta) como cocido.

**Ají mirasol**

Es el ají verde seco y su color es naranja oscuro. Antes de ser usado como condimento y como colorante se tuesta o se remoja para luego molerlo. Para conseguir todo su sabor suele chamuscarse al fuego.

**Ají panca**

De color más oscuro que el ají mirasol, es conocido también como ají colorado o especial. No pica mucho y se usa de preferencia molido, previamente tostado o remojado.

**Ají limo**

A pesar de su diminuto tamaño es muy picante, por lo cual es el preferido en la preparación del cebiche. Puede encontrarse en variados colores: blanco, amarillo, rojo, naranja, morado claro.

**Ají rocoto**

De forma redondeada y piel gruesa, es la variedad más picante de todas. Se usa crudo o molido y puede servirse relleno. La mejor manera de disminuir su picor es, una vez quitadas las venas y las pepas, remojarlos todo un día en agua con sal que se cambiará tres veces. Luego darles un hervor con un puñado de azúcar.

**CAIGUA**

Planta propia de los climas cálidos y templados. De forma alargada y un tanto aplanada, las caiguas miden entre 10 y 15 cm y su piel es de color verde claro, presentando a veces pequeñas espinas. Se usan crudas en ensaladas o cocidas en sopas y guisos. Son muy efectivas para reducir los niveles de colesterol en la sangre.

## CAMARÓN

Uno de los principales recursos naturales de los ríos de nuestra costa, utilizado desde muy antiguo, tal como lo testimonian sus diversas representaciones en ceramios y en textiles. Existen once especies en nuestro país y casi el 80% del volumen nacional se extrae en los ríos Majes, Ocoña y Camaná del departamento de Arequipa. Se usa en las más diversas preparaciones: en chupe, al ajo, fritos, etc., constituyendo siempre una de las mayores delicias de la culinaria peruana.

## CAMOTE

Tubérculo dulce conocido también como batata. Se presenta en dos variedades: los de cáscara morada son más harinosos y apropiados para ser horneados o asados; los que tienen la cáscara de color marrón claro y la parte interior naranja se usan sancochados, sobre todo para acompañar el cebiche. Puede servirse también frito, en puré y es uno de los ingredientes en la preparación de los tradicionales picarones.

## CHIRIMOYA

Fruta cuyo nombre deriva indudablemente del quechua: *chiri* (fresco, frío) y *muyu* (globo o circunferencia), muy apreciada por los españoles, quienes la llamaron "manjar blanco". Hay dos variedades: unas de pulpa color crema, muy jugosas y otras de pulpa muy blanca, ambas deliciosas. Pueden consumirse al natural o utilizarse en la preparación de postres y helados exquisitos.

## LIMONES

Ricos en vitamina C, recomendados en enfermedades del hígado y para combatir el reumatismo. Son ingredientes indispensables, pues se emplean en entradas, platos de fondo y postres. Es preferible usar los de piel lisa y brillante porque tienen más jugo; en cuanto al color, aquellos más amarillos habrán perdido algo de su acidez al madurar. El jugo debe usarse inmediatamente después de ser exprimido y, siempre que sea posible, en platos ya cocidos para evitar la pérdida de vitamina C por efecto del calor.

## LÚCUMA

Fruta oriunda del Perú, con un característico pezoncito en la parte superior. Muy representada en ceramios, lo que demuestra su uso desde tiempos inmemoriales. Su cáscara es de color verde y tiende a arrugarse a medida que la fruta madura. Su pulpa es amarilla y de sabor muy dulce, por lo que es muy usada en helados y postres.

## MAÍZ

Al igual que la papa y el ají fue un ingrediente básico de los peruanos desde épocas prehispánicas, sobre todo para la preparación de la chicha. Los españoles añadieron diversos rellenos a la masa de maíz molido conocida como humita (*jumintca*) que preparaban los quechuas y los llamaron tamales. Una preparación algo más suelta que la humita o tamal se conoce como pepián.

☞

☞ El maíz sancochado es conocido como choclo y acompaña diversos platos típicos como el cebiche y los anticuchos. La chochoca es la harina de maíz seco; la jora es el maíz en proceso de fermentación; el mote es el maíz patasca de grano grande, blanco y muy utilizado en chupes y sopas. Los beneficios del maíz son innegables: es un alimento muy saludable y nutritivo, de fácil digestión. Repone energías contrarrestando la fatiga y debilidad pues contiene hierro y fósforo, proteínas, sales minerales y vitaminas A, B, C, D y E.

**Maíz morado**

Es una variedad que se encuentra únicamente en el Perú. Hervido se usa en la preparación de las populares chicha morada y mazamorra morada.

## MANZANA

La manzana es uno de los alimentos sanos por excelencia. La manzana cruda y con cáscara es un eficiente laxante para los casos de estreñimiento crónico. Cocida, es un alimento digestivo especialmente indicado para infecciones intestinales, colitis etc.

## OLLUCO

Tubérculo de forma alargada y con múltiples ojos. Su cáscara puede ser amarilla y rosada con pintas rojas y su pulpa es muy jugosa. Se usa en sopas y guisos, debiendo ser cuidadosamente lavado para quitarle el exceso de almidón.

## PALTA

Aunque es realmente una fruta, se utiliza como verdura debido a su sabor neutro y suave. Rica en proteínas y vitaminas, su consumo es además beneficioso para el corazón por su contenido en ácidos grasos monoinsaturados que ayudan a barrer el colesterol malo del organismo. A pesar de lo que piensa la mayoría, su aporte calórico no es alto.

## PAPA

Es originaria de nuestro país y en tiempos de los incas se cultivó hasta mil variedades de papa, mientras en la actualidad están identificadas hasta dos mil. Pueden ser redondas, ovaladas o alargadas, con cáscara de color rosado, rojo, blanco y hasta negro. La papa amarilla se usa para purés o causas y debe cocinarse por breves minutos para evitar que se deshaga. ☞

☞ La cáscara de la papa huayro es rosada y su consistencia es arenosa. Además de ser una excelente fuente de energía, es un alimentos rico en vitamina C, complejo B y algunos minerales. Aunque su aporte de calorías no es muy elevado (es similar al de una manzana), lo recomendable para aquellos que quieren bajar de peso es comerla hervida o al horno.
El chuño es la papa congelada y deshidratada. La papa seca es la papa hervida y secada a la intemperie hasta adoptar una consistencia dura. Los bloques así obtenidos son después trozados. Estos pequeños trozos se tuestan para ser usados, sobre todo en la conocida carapulcra.

**POLLO**

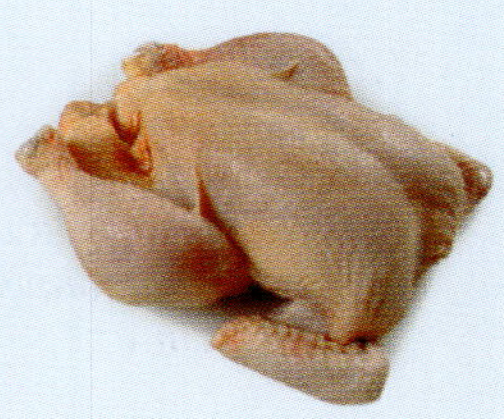

La carne de pollo es un alimento rico en proteínas de alta calidad, con mínima dosis de colesterol, una cantidad considerable de hierro y un aporte energético de sólo unas 125 kcal por cada 100 g. Siempre que se pueda es preferible consumir pollo de granja.

**QUESO**

El queso, además de proporcionar una buena cantidad de calcio y proteínas, estimula la digestión y facilita la asimilación de grasas y carbohidratos. Los quesos menos maduros como el queso fresco tienen mayor contenido de agua y menor contenido de grasas, por lo que son más fácilmente digeribles.

**YUCA**

Su cáscara es dura y de aspecto leñoso, debiendo elegirse aquellas cuya pulpa sea clara, sin ninguna marca gris. Se prepara igual que las papas y por contener bastante almidón quedan muy bien fritas. También se usan como ingredientes de purés y humitas. Con la harina de yuca y chancaca se prepara la tradicional chapana.

**ZAPALLO**

Probablemente es una de las plantas más antiguas domesticadas en nuestro continente. Rica en fósforo, calcio y vitaminas. Excelente para las enfermedades de la vejiga, hidropesía y otros males de los riñones. Pueden consumirse verdes o maduros, hervidos o asados.

La variedad denominada *loche* presenta la piel dura e irregular y la pulpa anaranjada, siendo ingrediente básico de potajes norteños en base a pato o cabrito, así como para el locro. La variedad *macre*, de cáscara verde con pintas amarillas, puede alcanzar tamaños sorprendentes y es muy usada para la crema de zapallo y en los picarones.

# Consejos prácticos

## ARROZ

- *No dejar reposar el arroz en el agua en que se ha lavado, pues la absorbe y se vuelve una masa pegajosa. Tampoco hay que revolverlo mientras se cocina.*

## AVES

- *La mejor forma de descongelar un pollo es hacerlo lentamente dentro de la refrigeradora. La descongelación rápida estropea la textura de la carne y, aunque se use la mejor receta, el pollo resultará seco.*
- *Para estar bien asado, un pollo regular necesita de cincuenta minutos a una hora en horno caliente.*
- *El caldo de pollo quedará de mejor sabor si se cocina con media cebolla.*

## CARNES

- *La carne no debe lavarse bajo el chorro de agua pues se desangra y pierde valor nutritivo. Es mejor limpiarla con un paño húmedo.*
- *Una manera de evitar que la carne pierda el jugo al momento de cocinarla es sellándola previamente (freírla rápidamente por ambos lados) en aceite bien caliente.*
- *Es conveniente cocinar el cabrito a fuego muy lento porque su carne es de cocción muy rápida.*
- *La carne de cerdo fresco debe tener un color rosa perlado, fina textura y grasa visible de un color blanco lechoso.*
- *Si se advierten manchas marrones o amarillentas en la carne de cerdo, evitar comprarla porque será de mala calidad.*
- *El cordero suele tener la carne tierna y suculenta, de manera que hay que cuidar que no se recocine, debiendo quedar jugosa por dentro.*
- *El riñón es un alimento antianémico, rico en hierro, vitaminas y con bajo contenido de grasas.*

## FRUTAS

- *Para que las manzanas cortadas no se pongan oscuras, ponerlas en agua con jugo de limón.*
- *El grado de madurez de las peras se prueba cerca del tallo, donde debe sentirse una marcada suavidad.*

## HUEVOS

- *Para saber si un huevo es fresco, sumergirlo horizontalmente en agua fría. Un huevo fresco se queda en el fondo, si flota tiene más de tres semanas, si se pone en posición vertical es preferible no comerlo.*
- *Al guardar los huevos en la refrigeradora recuerde hacerlo con la parte ancha hacia arriba.*
- *Cuando utilice sólo las yemas y le queden las claras, puede conservarlas refrigeradas por dos o tres días.*
- *Las tortillas quedan más esponjosas si se añade un poquito de agua o leche hirviendo, al momento de batirlas.*

## MENESTRAS

- *Una de las ventajas de las menestras es que se pueden conservar por mucho tiempo, colocando sal refinada en los recipientes en que se guardan.*
- *Las menestras deben remojarse en agua fría por 12 horas para su ablandamiento y cocinarse en el agua de remojo.*
- *Aparte de su elevado contenido de hierro, las menestras proporcionan una buena cantidad de fibra y vitaminas del complejo B, esenciales para el sistema nervioso.*
- *Cuando sancoche menestras agregar un chorrito de aceite al agua para que queden más suaves.*

## PAPA

- *Para evitar que las papas se abran, agregar un poco de sal al agua donde se van a cocinar.*

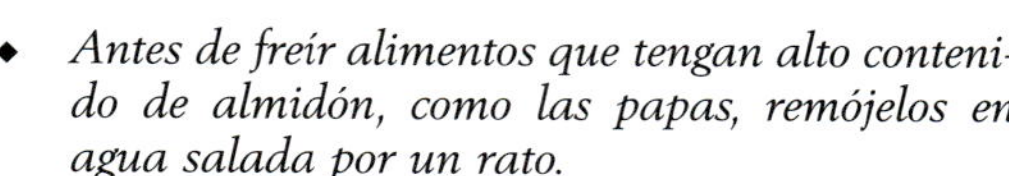

- *Antes de freír alimentos que tengan alto contenido de almidón, como las papas, remójelos en agua salada por un rato.*
- *Las papas sancochadas resultan blandas si se cocinan en muy poca agua y se ponen un minuto al aire antes de servir.*
- *Al cortar las papas, colóquelas de inmediato en un recipiente de agua fría salada. De esta forma evitará que se oscurezcan.*
- *Si las papas, antes de sancocharlas, se cortan y se ponen en agua fría, permanecen blancas luego de cocidas.*
- *Si le gustan las papas fritas bien doraditas, espolvoréelas con un poquito de harina antes de freírlas.*

## PESCADOS Y MARISCOS

- *El pescado fresco tiene los ojos salientes y brillantes, las agallas limpias y la piel cubierta por una sustancia viscosa transparente.*
- *Para escamar el pescado con facilidad, ponerlo primero bajo agua caliente y después pasarlo por agua fría.*
- *La denominación "a lo macho" se refiere a la salsa picante de mariscos que acompaña a ciertos platos.*
- *Mientras más pequeños los calamares serán más tiernos; éstos pueden freírse directamente. Si son más grandes convendrá hervirlos rápidamente, no más de dos minutos porque se endurecen.*
- *Cuando se cocina choros es recomendable desechar aquellos cuyas valvas estén rotas o abiertas, así como los que floten al sumergirlos en agua.*
- *Cuando se cocinan alimentos de olor fuerte como los mariscos, hacerlo a fuego fuerte y con la olla destapada.*

## POSTRES

- *Al espolvorear el ajonjolí conviene estrujarlo un poco para intensificar su sabor.*
- *Si el azúcar rubia se ha endurecido al guardarla, cubrir con una tela húmeda por algunas horas y se volverá a ablandar.*
- *Al preparar el caramelo recuerde que no se debe revolver después del hervor. Una vez que empiece a dorarse inclinar suavemente la ollita para que el caramelo tenga un color dorado uniforme.*
- *Cuando se agregan las claras batidas a las tortas hay que hacerlo suavemente.*
- *Para desmoldar mousses, bavarois o helados, meter una cañita entre el molde y la crema y soplar. Esto desprende el contenido completamente y se puede voltear con facilidad.*
- *Entre las menestras, los pallares son los que quedan más cremosos luego de cocinarse, por lo que resultan muy apropiados para dulces y postres.*
- *Cuando quiera que las pasas en los budines o bizcochos no se vayan al fondo, pasarlas por harina antes de añadirlas.*

## VEGETALES

- *Deben escogerse los ajíes de aspecto fresco y brillante, sin manchas marrones ni puntos negros. Al lavarlos, usar agua fría y no caliente, para evitar que las emanaciones irritantes lleguen a la cara.*
- *Los ajos proporcionan potasio, vitamina C, hierro y proteína vegetal. Pueden pelarse fácilmente si se introducen en agua caliente.*
- *Para conservar la albahaca se meten las hojas muy apretadas en un frasco y se esparce entre las capas un poco de sal. Se llena luego el frasco con aceite de oliva.*
- *Se conoce el apio fresco si al quebrar una de sus ramas la pulpa se ve compacta y jugosa.*
- *Para que las arvejitas no pierdan su color, se ponen a cocinar en agua hirviendo con la olla destapada.*
- *Para que las beterragas conserven su color deben cocinarse con su cáscara y con un pedacito del tallo. No deben pincharse mientras se cocinan.*
- *Cuando tenga que usar cebollas en ensaladas, córtelas, déjelas 10 minutos en agua hirviendo y*

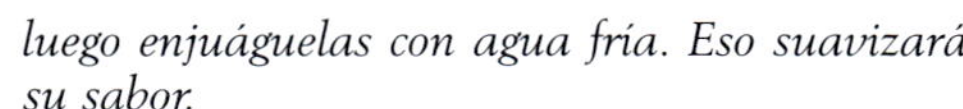

*luego enjuáguelas con agua fría. Eso suavizará su sabor.*

- *Para evitar el fuerte olor de la coliflor, cocinarla con un trozo de pan y un poco de leche.*
- *Debe elegirse aquellas espinacas cuyas hojas estén verdes, firmes y tiernas.*
- *Las espinacas deben cocinarse en muy poca agua, luego pasarlas inmediatamente por agua fría y escurrirlas. Nunca se deben exprimir.*
- *Si quiere mantener las hojas de lechuga frescas por mucho más tiempo refrigerarlas cortadas en un recipiente con agua fría.*
- *Para conservar fresco y jugoso el limón cortado, póngalo en un plato con vinagre, con la parte cortada hacia abajo.*
- *Para que las paltas maduren rápidamente, envolverlas en papel periódico y dejarlas a temperatura ambiente por unos días.*
- *Los pimientos rojos son más dulces que los verdes y en general contienen abundante vitamina C.*
- *Los tomates frescos y que ya están lo suficientemente maduros deben sentirse firmes y lucir bien rojos y brillosos. Para pelarlos basta ponerlos en agua caliente por unos momentos, con lo que también mejora su sabor.*
- *Para seleccionar las mejores yucas conviene observar que la cáscara no tenga rastros de moho y que la pulpa sea clara sin ninguna marca gris.*
- *Las zanahorias deben sancocharse en agua con sal. Previamente conviene raspar la cáscara.*

## MISCELÁNEA

- *La mejor manera de conservar las aceitunas es guardarlas en un recipiente hermético con una mezcla de agua, aceite y vinagre.*
- *A pesar de lo que generalmente se piensa, los fideos no engordan. Por el contrario, son una excelente fuente de energía.*
- *Machacar bien el kión para que las fibras, al romperse, liberen todo su aroma y sabor.*
- *La nuez moscada puede usarse tanto en platos salados como en dulces. Es preferible comprar las nueces enteras para rallarlas a medida que se necesita.*
- *Las nueces en general son ricas en proteínas, vitaminas, calcio, hierro y aceite. Es preferible guardarlas con cáscara en un lugar fresco para que su sabor no se altere.*
- *Las nueces no deben guardarse por mucho tiempo, debido a que su alto contenido de aceite hace que su sabor se altere.*
- *Para evitar que el sabor de las pecanas se altere conviene guardarlas en un lugar fresco.*
- *Al dente significa el punto de cocción de pastas cuando no están aún completamente blandas, es decir cuando presentan cierta resistencia al diente.*
- *La diferencia entre la pimienta blanca y la negra es que ésta sabe más fuerte y la blanca es más aromática.*
- *La mayoría de nuestros alimentos autóctonos, como la quinua y la kiwicha, constituyen una rica fuente de proteínas.*
- *Para intensificar el sabor de los platos en que se usa tocino, es conveniente emplearlo ahumado.*
- *La salsa inglesa agrega a las comidas un sabor muy particular por su contenido de especerías y vinagre.*
- *El tiempo de cocimiento de los wantanes es de aproximadamente diez minutos.*

# Glosario

**A la juliana**
Cortar los vegetales en tiras finas que se utilizan generalmente como guarnición.

**Al dente**
Se utiliza para calificar la consistencia de los alimentos, principalmente de las pastas. Puede usarse también para referirse a las hortalizas.

**Al papilote**
Comida que se cocina o se sirve envuelta en papel aluminio.

**Adobo**
Sumergir la carne en una infusión de vinagre, ajos, sal y comino.

**Aguadito**
Preparación que combina el arroz con caldo de aves o mariscos.

**Ajiaco**
Preparación a base de papa, ají mirasol y aderezo.

**Baño María**
Introducir el recipiente con los alimentos a cocinar en otro más grande que contiene agua hirviendo.

**Carapulcra**
Preparación a base de papa seca y carne de chancho. También puede usarse pollo.

**Cau cau**
Preparación a base de mondongo, aunque se admite variaciones que incorporan pollo o mariscos.

**Causa**
Preparación a base de papa, generalmente amarilla, amasada con ají y rellena con los más diversos ingredientes.

**Cebiche**
Pescado crudo cortado en cubitos o mariscos crudos, cuyo cocimiento se hace en base a jugo de limón y ají.

**Champuz**
Bebida tradicional a base de harina de maíz y mote pelado, con trozos de membrillo y guanábana.

**Chaufa**
Modificación de los vocablos chinos *chou fan*. Se aplica al arroz frito mezclado con chancho, langostinos y tortillas.

**Charqui**
Originalmente carne de llama seca y salada. Hoy se usa la carne de vacuno de manera similar.

**Chicha**
Bebida tradicional que puede elaborarse con frutas, quinua, maní, maíz, etc. La variedad más popular es la chicha morada (del maíz del mismo color).

**Chilcano**
Nombre que se aplica al caldo resultante de la cocción de pescado o mariscos en una buena cantidad de agua.

**Chupe**
Sopa típica muy sustanciosa que puede prepararse con menestras, mariscos, pescado, carnes o verduras. El más característico es el chupe de camarones.

**Escabeche**
Con frecuencia se confunde escabechar con marinar. Marinar es sinónimo de adobar o macerar. Escabechar se aplica a los alimentos cocidos que se quiere conservar por algún tiempo.

**Estofado**
Cocción conjunta de carne y vegetales.

**Glasear**
Abrillantar los alimentos cubriéndolos con azúcar, almíbar, huevo batido o leche.

**Gratinar**
Tostar a fuego vivo la superficie de una preparación.

**Macerar**
Marinar un alimento en azúcar, alcohol u otros licores. La maceración también puede hacerse en una mezcla de aceite, vino, hierbas y especies.

**Osobuco**
Hueso con carne.

**Quiche**
Preparación cremosa a base de huevos y leche con queso y tocino, o con vegetales como espinacas o espárragos, o con pescado, dentro de un molde con pasta quebrada u hojaldrada.

**Risotto**
Plato italiano preparado con arroz de grano redondo que facilita la absorción de líquidos.

**Papel de aluminio**
Indispensable en la cocina por la ventaja de ser incombustible. Se utiliza para cubrir platos horneados, pasteles, panes y carne que se dora demasiado. Útil para envolver trozos de pollo o papas sancochadas, para enmoldar fuentes, etc. El mismo trozo puede usarse varias veces ya que es muy resistente y se rompe difícilmente.

**Shambar**
Sopa típica de Trujillo a base de trigo, menestras y carne de chancho.

**Tacu tacu**
Plato en el que se aprovecha el arroz y menestras cocidas (frejoles, pallares, etc.), añadiendo un aderezo de ají verde y cebolla.

**Tiradito**
Pescado crudo en tiras cocido en jugo de limón y ají.